나에게 주는 선물
힘이 되는 한마디

나에게 주는 선물
힘이 되는 한마디

The Manual of Prudence

발타자르 그라시안 지음 | 문채원 옮김

이아소

"착한 자가 손해를 보는 것은 선량해서가 아니라
세상을 보는 눈이 무르기 때문이다." – 발타자르 그라시안

이 책은 영어, 독일어, 프랑스어, 중국어, 일본어 등 세계 각국의 언어로
번역됐고, 원작이 나온 지 400년이 흐른 지금에도 미국이나 일본에서 베
스트셀러 순위에 올라 있습니다.

인생 철학자 쇼펜하우어는 그라시안의 작품을 독일어로 옮기면서 "인생
최고의 동반자"라고 평하였습니다. 현대 철학의 아버지로 불리는 프리드
리히 니체는 "이만큼 정교하고 세련된 인생의 도덕률을 만나지 못했다"고
격찬했습니다.

2차 세계대전 당시 윈스턴 처칠 영국 총리는 이 책을 늘 곁에 두고 읽었다
고 합니다. 현대에 이르러서도 유명한 테너 가수 루치아노 파바로티가 사
랑했던 책으로 그라시안의 책을 언급하는 등 서구에서는 여전히 마키아벨
리의 《군주론》과 함께 불후의 명저로 사랑받고 있습니다.

발타자르 그라시안(Baltasar Gracian)은 17세기 스페인에서 활약한 저술가

이자 예수회 수도사입니다.

흔히 성직자가 쓴 인생 지침서라고 하면 고루하거나 금욕적, 이상적인 내용을 상상하기 쉽습니다. 그러나 그는 이런 예상을 기분 좋게 배반합니다. 오히려 그라시안이 한결같이 주장하는 것은 냉정한 시선으로 현실을 직시하고 사고 분별과 통찰력으로 유연하게 세상을 마주하라는 것입니다. 이는 그라시안이 전쟁과 불황, 종교 갈등에 시달리던 자신의 나라 스페인의 현실과 사람들의 심성을 날카롭게 통찰하고 고뇌했기 때문이라고 합니다. 400년의 세월이 흘렀지만, 우리가 살아가는 세상은 그라시안의 시대 못지않게 혼란스럽습니다. 그의 가르침은 이처럼 두려운 세상 속에서 어떻게 '나 자신'을 지키고 성공할 수 있는지에 대하여 깊은 가르침을 줍니다. 유럽인들이 성경과 함께 반드시 읽는다는 이 책이 여러분의 인생에 힘이 되어주기를 기대합니다.

이아소 편집부

차례

1장 인간관계에 관하여

2장 협상에 관하여

1장

인간관계에 관하여
about communication

"중요한 것은 지식보다 지인이다."

01

반듯한 사람과 사귀어라

뭔가 본받을 점이나 배울 점이 있는 사람과 사귀어라. 교제를 지식이나 의견을 교환하는 장으로 만들어라. 상부상조하는 관계라면 상대에게 줌으로써 감사받고, 나 또한 새로운 정보를 얻어 시야를 넓힐 수 있다.

　현명한 사람은 고결한 이와 사귀고, 허영을 과시하는 이를 피한다. 지혜로운 이는 능력을 발휘하는 사람, 배움에 열망이 있는 사람을 알아보는 법이다. 중요한 것은 지식보다 지인이다.

운 좋은 사람을 가려내라

운 좋은 사람과 운 나쁜 사람을 분별할 줄 아는 능력을 키워라. 행운이 따르는 사람 옆에 있으면 그 기운을 나눠 받는다.

반면 운이 없는 사람은 가까이하지 않는 것이 제일이다. 악운도 결국은 자업자득이며, 더욱이 그 재난은 전염될 수 있다. 작은 불운이라도 내게 붙게 해서는 안 된다. 더 큰 불운을 불러일으킬 수 있다. 트럼프에서 어느 카드를 버리는가에 따라 승부가 갈리는 것과 같이 인생에서도 피할 사람을 가려내는 것이 매우 중요하다.

반대로 총명한 사람, 생각이 깊은 사람을 만나면 그 옆을 떠나지 마라. 행운은 틀림없이 그 주변에 있다.

03

어떤 사람인지 꿰뚫어라

나의 인생과 연이 있는 사람들을 잘 살펴라. 상대의 생각을 주의 깊게 살펴라.

인생에서 중요한 것은 식물이나 돌의 구조를 증명하는 데 있는 것이 아니라 사람의 본질을 이해하는 데 있다. 말하는 내용으로 사람을 판단하라. 나아가 말뿐만 아니라 행동까지 살피면 그 사람의 진가를 알아볼 수 있다.

총명한 사람을 곁에 두어라

총명한 사람이 곁에 있는 것은 실로 큰 행복이다. 이들은 무지나 오해와 같은 위험으로부터 나를 보호해주고 분란을 막아준다. 적국의 병사를 모두 붙잡아 부하로 삼는 것보다 총명한 인사 한 명을 솔하에 두는 것이 낫다. 더 나아가 나보다 뛰어난 사람이 나를 섬기면 이보다 더 큰 행복이 없다.

지식은 먼 후대까지 남지만 인생은 한순간. 지식이 없는 이는 연기처럼 사라진다. 그러므로 살아 있는 동안 많은 사람들로부터 배우는 것을 주저하지 마라.

사람의 말은 현인으로부터의 배움을 통해 나온 것이며, 그 노력을 통해 자신도 현인이 된다. 우선 배우고, 그다음에 자신이 얻은 지식의 정수를 가르치는 것이기 때문이다.

신뢰할 수 있는 사람을 벗하라

신뢰할 수 있는 사람과 함께하라. 상대를 신뢰할 수 있으면 만의 하나 의견이 달라도 그 사람의 행동을 예측할 수 있다. 신뢰할 수 있는 사람과 논쟁을 하는 편이 신뢰할 수 없는 사람을 설득하는 것보다 낫다. 양심을 팔아먹은 사람은 더 이상 잃을 것도 없고, 지켜야 할 것도 없다. 이런 사람과는 애초에 교제를 맺지 않는 것이 좋다.

뛰어난 사람과 함께하라

사람은 누구와 함께 있는가로 평가받는다. 이름이 높고 존경받는 사람과 어깨를 나란히 하는 것은 뛰어난 처세의 재주이며, 더불어 도움이 되는 재략(才略)이기도 하다. 성공한 사람과 행동을 같이하면 그 후광이 내게까지 이어진다.

나와 반대되는 사람을 사귀어라

멘토를 만들어라. 존경하는 사람 곁에 항상 머무르며 그의 판단력과 태도, 행동을 배워라.

나의 결점과 정반대되는 사람과 교제하라. 자주 과음을 하면 술을 애호하는 정도의 사람과 벗하고, 성격이 거칠면 온화한 친구를 가까이하라.

삼라만상은 서로 다른 성질의 대비로 이루어진다. 대비가 있음으로 해서 세상은 유지되고, 또한 아름답다. 이를 염두에 두고 벗을 고르도록 하라. 양극단이 만남으로써 중용의 지점이 만들어진다.

평범한 사람을 찾아라

나보다 튀는 사람은 함께 있지 않는 것이 좋다. 세상의 시선과 영광이 특출한 이에게 집중되고 나는 뒷전으로 밀리기 때문이다.

달은 태양과 그 빛을 다투지 않는다. 나를 능가하는 재능이 있는 사람과 같은 단 위에 서지 않아야 함은 그와 같은 이유에서다. 뛰어난 사람만이 아니라, 때론 평범한 사람과도 무리를 이루는 것이 처세의 요령이다.

09

팔방미인이 되어라

학식이 있는 사람과 함께 있을 땐 더불어 박학함을 보여주어라. 신심이 두
터운 사람과 함께 있을 때는 나도 신심을 깊이 하라.

호감을 얻는 비결은 같은 부류가 되는 것이다. 동료의 특징을 잘 관찰하
여 자연스럽게 그의 분위기에 녹아들 수 있어야 한다. 진지한 친구라면 조
용히 그의 말을 경청하라. 밝은 친구라면 기분 좋게 웃어주어라.

특히 말단의 신분일 때는 이 같은 태도가 중요하다. 지혜가 있고 정신적
으로도 성숙한 사람이라면 이 재능을 쉽게 익힐 것이다.

항상 친절하라

친절하고 너그러운 사람은 많은 이들의 사랑을 받는다. 특히 조직의 우두머리가 되고 싶다면 이를 마음 깊이 새겨라.

대중의 마음을 움직일 수 있다면 그만큼 많은 선(善)을 이끌어낼 수 있다. 친구가 필요하면 먼저 누군가의 친구가 되어라. 쩨쩨한 근성으로 친절과 배려를 모르는 사람은 리더가 될 자질이 없다.

호감은 인생의 큰 후원자

주변인들의 호감을 얻지 못하면 인생이 험난하다. 많은 사람들의 호감을 얻어라. 이들로부터 길을 안내받거나 도움을 받음으로써 인생의 항로에서 순풍을 누릴 수 있다.

첫인상이 좋으면 높은 평가를 받을 수 있다. 호감을 주는 사람은 용기, 지혜, 분별력, 의욕 등을 함께 얻을 수 있다. 이들은 괜한 흠을 잡거나 결점을 들춰내지 않는 법.

고향, 학교, 성씨 등이 같다는 이유로 호감을 사기도 한다. 같은 국적이나 민족, 성격 등이 계기가 되는 일도 있다. 한번 호감을 얻으면 유지하는 것은 쉽다. 호의를 갖게 만들기까지가 문제다. 우선은 호감을 살 수 있도록 노력하라. 그리고 일단 호감을 샀다면 이를 잘 활용하라.

밝은 분위기의 대화를 하라

'항상 밝은 소식을 가져다주는 사람'이 되어라. 좋은 뉴스를 찾아내 알려주는 것은 유용한 삶의 기술이다. 나쁜 점을 들춰내 비웃기보다 좋은 점을 찾아내 칭찬하는 사람에게 의견을 구하기 위해 많은 이들이 몰려든다.

반대로 나쁜 소식만 가지고 오는 사람, 심지어 본인이 없는 자리에서 험담을 하는 사람은 얼마 안 가 주변의 따돌림을 받게 된다. 함께 있는 사람에 따라 험담의 내용이 달라지는 것을 모두가 눈치 채기 때문이다.

13

험담을 하지 마라

사람을 앞에 두고 웃거나 놀리지 마라. 험담을 잘하는 사람이라는 부정적인 낙인이 찍혀버리면 모두의 미움을 사게 된다. 그리하여 상대는 수를 우위에 두고 언제든 이쪽을 압박해올 수가 있다.

훌륭한 사람들 속에도 항상 험담꾼은 숨어 있다. 그러나 현인은 단순히 웃어넘길 뿐, 이들을 상대하지 않는다.

험담의 화살은 결국 자신에게 돌아온다는 것을 잊지 마라. 세상은 언제나 인과응보다.

14

한번 품위를 잃으면 회복하기 힘들다

신사는 유머를 발휘할 때, 모범을 보일 때, 분위기를 띄우기 위해 예의에 살짝 벗어나도 될 때 등을 잘 분별한다. 때로 대중에 동조해야 하는 경우에도 결코 경솔한 행동을 하지 않는다.

많은 이들 앞에서 한번 바보짓을 하면 이후로도 계속 그 그늘에서 벗어나기 어렵다. 사람들의 웃음거리가 되면 많은 것을 잃게 되고 명예를 되찾기는 어렵다.

그렇다고 해서 유머를 저버리고 거기에서 멀찍이 떨어지라는 것은 아니다. 오히려 지나치게 거리를 두면 융통성 없는 사람으로 낙인이 찍힌다. 너무 경직된 사람 역시 우습게 보일 수 있다.

한편 여성이 남성에게 농담하는 것은 문제가 되지 않지만 반대로 남성이 여성을 놀리면 구설수에 오르기 쉽다는 것도 잊지 마라.

남들이 싫어하는 일은 하지 마라

남들이 싫어하는 일은 굳이 하지 마라. 세상을 살다 보면 결백함에도 불구하고 타인의 미움을 사는 일이 있다. 특별한 이유도 없이 얄미운 사람도 있다. 반감은 호의보다 강하다.

　사람은 누군가를 상처 주고 싶어하는 본능이 있다. 한번 반감을 사면 이를 불식시키기는 어렵다. 가급적 상대의 좋은 면만 바라보라. 그런 모습이 좋은 인상을 주어 나에 대해서도 호의적인 반응이 되돌아온다. 또한 존중하는 감정을 시시때때로 표시하라.

16

추문을 피하라

대중은 많은 개인들로 이루어져 있다. 각기 눈이 있어 나쁜 일을 볼 줄 알며, 각기 입이 있어 제 방식대로 본 것을 전한다.

중상모략이 퍼지면 신용을 잃게 되는 것은 당연지사. 하찮은 결점이 누군가의 시기나 불신으로 소문의 발단이 되고, 여러 사람의 입을 거치면서 걷잡을 수 없이 커진다. 악의 섞인 소문으로 인해 명성이 산산이 깨지는 일도 있다.

평소 말씨나 행동거지를 신중히 하여 꼬투리를 잡히는 일이 없어야 한다. 중상모략에서 벗어나기보다 아예 만들지 않는 편이 훨씬 더 쉽다.

17

윗사람과 겨루지 마라

때로 충돌이 불가피하다 하더라도 윗사람을 이기려는 것은 바보 같은 행위이며 돌이킬 수 없다.

값진 보석일수록 꼭꼭 감춰두는 것과 같이, 진정한 힘은 잘 감추는 데 있다. 그러기 위해서는 우선 말, 행동, 복장을 소박하게 하라.

대부분의 지도자는 자신보다 유능하면서도 윗사람을 이기려 애쓰지 않는 사람을 아끼고 인정한다. 밤하늘의 빛나는 별을 본보기로 삼아라. 별은 아무리 밝게 빛나도 태양과 겨루지 않는다. 자신의 처지를 잘 가리는 것이다.

.

18

명예 문제에는 절대 엮이지 마라

현실을 직시하여 분별력을 키워라. 사사로운 말에 쉽게 흔들리지도 마라. 명예까지 걸린 싸움에서 이기기는 매우 어렵다. 싸움의 불씨는 아예 피하는 것이 상책이다.

대개 사람들은 명예가 걸리면 지나치게 흥분하여 물불 안 가리고 달려든다. 이런 상황을 만들지 마라. 그 자리를 피하면 아무 문제가 없다. 일부러 충돌 상황에 맞서는 사람이 있으나 이는 우매하기 짝이 없다. 문제를 키우지 않도록 노력하는 것은 각자의 몫이다.

19

위축되지 마라

사람을 대하는 눈이 경직되지 않았는가? 세상엔 두려워해야 할 만큼 고귀한 사람은 없다. 누군가를 대단한 사람이라 상상하고 스스로 위축되지 마라. 직접 그를 만나보면 나만의 착각이었음을 알게 될 것이다.

살아 있는 인간이라면 누구나 결점이 있고 허물도 있다. 인정 없는 사람이 있는가 하면 용기가 부족한 사람도 있다. 높은 지위에 있는 사람이 뛰어나 보이지만 가까이에서 들여다보면 그 역시 단점을 지닌 사람이라는 것을 알 수 있다. 냉정하게 판단하여 착각을 깨고 나면 누구에게든 절도를 유지하고 당당하게 대응할 수 있다.

항상 대비하라

살다 보면 어쩔 수 없이 완고하거나 건방지거나 무례하거나 무분별한 사람을 만나게 된다. 이런 부류 때문에 낭패를 겪지 않도록 미리 준비를 해두어라. 이들에 맞서 이기기 위한 특별한 지침은 없다. 불시에 만나도 충돌에 휩쓸리지 않도록 조심하는 것이 상책이다.

이들과 어리석은 다툼에 휘말리지 말고 나 역시 상대에게 건방지게 행동하지 않도록 주의하라. 상대의 어리석음을 못 본 척하고 예의 바르게 행동하도록 하라. 이로써 모두가 다툼 없이 조용히 지나갈 수 있다.

신경질적인 사람에겐 주의하라

신경이 예민한 사람은 가까이하기가 힘들다. 이들은 금세 기가 꺾여 주눅이 들고, 뭔가 뒤에서 일을 꾸미고 있다고 생각하여 사람들을 악의적으로 대한다. 살짝만 닿아도 바로 상처가 나는 눈[眼]과 같다.

이런 사람을 만날 때는 아무리 조심해도 부족하지 않다. 동요시키거나 기분이 나빠지지 않도록 해야 한다. 이들은 대개 자기중심적이고 스스로를 만족시키기 위해서라면 무슨 일이든 한다. 자신만 좋으면 어떤 위험도 무릅쓰기 때문이다.

그에 대응하여 다이아몬드가 되어라. 인내하고 확고하고 질기고 오래가는 사람이 되어라.

22

평판이 나쁜 사람은 상대하지 마라

경박한 사람은 아예 상대하지 마라. 그들로 인해 사회적 평가가 나빠질 수 있다. 어느 모임이든 이런 부류가 있게 마련인데 현명한 사람이라면 잘 피해서 갈 일이다.

한편 평판이 나쁜 사람을 미주알고주알 홍보는 사람도 있다. 이 또한 올바른 일이 아니다. 돌아오는 것은 칭찬이 아니라 오히려 비난이다. 피해야 할 사람을 굳이 내가 떠벌릴 필요는 없다. 이미 모두가 알고 있기 때문이다.

주위 사람을 곤란하게
하는 사람을 주의하라

사사건건 불쾌하게 하고 주위 사람까지 낭패 보게 만드는 이가 있다. 남의 빈틈을 노리고, 벽창호인 데다 하루도 피해를 주지 않는 날이 없다. 이런 사람은 어디를 가든 너무 흔하여 무관하게 살기가 쉽지 않다.

그중에서 가장 악질은 자신은 아무것도 하지 않으면서 다른 사람의 노력을 바보짓으로 폄하하며 악담을 퍼붓는 이다. 이들이 외톨이인 것은 바로 그 때문이다.

고집불통인 사람보다는
거친 사람이 낫다

감정만 앞세우면 아무것도 이루지 못한다. 모든 문제를 다툼으로 몰아가고, 자기 입장만 떠드는 이가 있다. 이런 사람은 일을 평화롭게 진행시키는 방법을 알지 못한다. 늘 자신의 욕망을 먼저 채우려고 하기 때문에 주위 사람을 모두 적으로 만든다. 그러나 결국엔 아무것도 얻지 못하고 아무것도 성취하지 못한다. 겉과 속이 다르다는 것을 모두가 알고 있기 때문이다.

이런 사람은 피하는 것이 상책이다. 고집불통인 사람보다는 다소 거친 사람이 낫다.

남을 이용하는 사람을 경계하라

자신의 책임을 다른 이에게 전가하는 사람이 있다. 그런 이를 대할 때는 절대 방심해서는 안 된다. 상대의 의도를 미리 간파하여 이용당하지 않도록 하라. 그렇지 않으면 불 속에서 밤을 줍는 격으로 심한 화상을 입게 된다.

26

교묘한 사람 앞에선 방심하지 마라

얼굴을 내밀지 않고 뒤에서 움직이는 사람은 속마음을 감추고 있기 쉽다. 이들은 행동을 개시하는 순간까지 의도를 감춘다. 그리하여 의도한 것이 아니라 자연스럽게 된 것처럼 꾸민다.

이들의 술수를 간파하라. 교묘한 행동에는 항상 주의하라. 말과 본심이 전혀 다른 경우도 얼마든지 있다. 상대는 항상 손바닥을 감추고 있음을 명심하라.

어리석은 이로 인해 고생하지 마라

어리석은 사람을 분별하지 못하면 자신도 같은 부류가 된다. 더 나쁜 것은 어리석음을 알고 있음에도 관계를 끊지 못하는 것이다. 어리석은 사람의 주변에는 항상 위험이 도사리고 있다. 그러니 그의 심복이라면 내놓은 파리 목숨이나 다름없다.

사람들의 눈이 있을 때는 어리석은 사람도 큰 문제를 일으키지 않는다. 그러나 시간이 흐르면 하나둘 실수를 저지르고 결국엔 큰 소동을 일으켜 사태를 악화시킨다. 평판이 나쁜 사람 곁에 있는 한 나의 평판이 높아지는 일은 절대 없다. 그나마 최소한의 위로는 어리석은 사람을 통해 교훈과 경고를 알 수 있다는 정도일 것이다.

신뢰할 수 있는 사람을 찾아라

약속을 할 때는 상대가 신뢰할 만한 사람인지를 보라. 이들의 사전에는 쌍방이 침묵을 지키든지, 동의하에 깨든지 두 가지밖에 없다. 이 때문에 서로의 명예를 지킬 수 있게 된다.

상대를 신용하여 나의 명예까지 맡겨도 좋은 경우란 쌍방의 위험도가 같고 공통의 리스크가 있을 때다.

상대의 기질을 파악하라

주변 사람들의 기질을 파악하면 살아가는 데 큰 도움이 된다. 내면을 알게 되면 행동을 예측할 수 있기 때문이다.

우울한 타입은 나쁜 쪽으로 생각을 몰아가는 경향이 있다. 험담을 잘하는 사람은 중상모략에 민감하다. 불행은 희망을 기대하지 않는 사람을 찾아서 온다. 감정이 격하게 요동치는 사람은 이성을 지키며 대화하기가 힘들고, 진실하지 않다.

안색을 읽어내는 능력도 키워라. 얼굴에는 속마음이 나타난다. 쉴 새 없이 웃어대는 사람은 대개 생각이 얕고, 말이 많은 사람은 소문을 옮기기 좋아하므로 피하는 것이 상책이다. 못난 사람은 자신의 운명을 탓한다. 이런 사람과는 적당한 거리를 유지하는 것이 좋다.

또한 아름다움과 추함은 서로 앞뒤 면이 붙은 일체임을 명심하라.

사람을 올바로 판단하라

사람을 잘못 판단하기는 쉽지만, 그로 인한 손해는 막대하다. 조악한 물건에 힘을 빼느니 아예 쓰지 않는 것이 낫다. 사람 속을 알아내면 불필요한 피해를 막을 수 있다.

지식이 많다고 해서 사람을 이해하는 능력이 뛰어난 것은 아니다. 감정의 골을 잘 살펴서 성격을 분별하는 것은 매우 중요한 능력이다. 책을 연구하듯 사람을 면밀히 관찰하라.

우정을 키워라

친구는 나의 일부이며, 또 다른 자아다. 친구를 통해 지혜를 나눠라.

인간은 대개 주변 사람이 원하는 방향으로 움직이는 법. 그러므로 좋은 사람이라 인정받을 수 있도록 주위 사람을 내 편으로 만드는 것이 중요하다. 인생은 서로 돕고 사는 것. 적에게 둘러싸여 있는 것보다 친구에게 둘러싸여 사는 것이 좋다. 항상 우정을 다지고 가꾸는 데 노력하라. 우정의 싹을 뿌려 새로운 친구를 늘리는 것을 게을리 하지 마라.

벗은 신중하게 고르라

사람의 진가는 사귀는 친구를 통해 가늠할 수 있다. 분별 없는 사람으로 낙인찍히지 않으려면 친구도 주의해서 골라야 한다.

진실한 우정으로 친구를 사귀는 이가 있는가 하면 성공하는 모습을 보고 찾아오는 이도 있다. 그러나 오로지 진정한 벗만이 고난의 시기에 기꺼이 고통을 함께 지고 도와준다.

우연히 친구가 생기길 기다리지 말고 스스로 선택하여 적극적으로 만들어가야 한다.

33

진실한 친구를 찾아라

곁에 두기에 좋은 친구가 있고, 거리를 유지하는 것이 좋은 친구가 있다. 또한 말은 잘 못해도 글솜씨가 뛰어난 친구도 있다. 친구는 단지 즐기기 위한 존재가 아니라 서로에게 도움을 줄 수 있어야 한다. 그러므로 나와 조화를 이룰 수 있는 선량하고 성실한 벗을 사귀도록 하라.

진정한 벗은 그리 많지 않다. 그나마 가치 있는 소수도 가려내기가 쉽지 않다. 지금 있는 벗을 잘 유지하라. 새 친구를 만드는 것보다 더 나을 수 있다. 새로운 벗도 결국에는 오랜 벗이 되는 법. 세월이 흘러도 변함없이 곁에 있어주는 친구가 중요하다.

진정한 벗은 즐거움을 두 배로 만들어주고, 괴로움은 반으로 줄여준다. 벗은 우리의 영혼에 시원한 바람을 일으키고, 역경에서 구해주는 소중한 존재다.

상대의 결점도 받아들여라

친구의 결점까지 받아들일 수 있어야 한다. 사람은 누구나 서로 돕고 살아가는 존재다.

물론 화합하기 어려운 사람도 있다. 이런 이를 대할 때는 현명하게 처신하고 마음을 넓게 가져라. 미리 대비를 해두면 마음이 맞지 않는 사람 앞에서도 당황하지 않고 능숙하게 대처할 수 있게 된다.

물론 처음에는 좌절할 수 있다. 그러나 시간이 흐르면 여러 부류의 사람을 만나도 잘 대응할 수 있게 된다.

35

남을 헐뜯는 일은 내 발목을 잡는 것

남의 결점을 지적하는 것은 나 자신을 지적하는 것과 같다. 나의 결점을 감추기 위해 다른 사람의 결점을 들춰내는 것보다 어리석은 일은 없다. 고약한 험담을 해대는 사람의 입에서는 심한 악취가 나며, 남의 스캔들을 들춰내는 것은 스스로의 몸을 더럽히는 것과 같다.

남의 나쁜 짓은 오래 마음에 담아두지 마라. 미움을 사거나 인정이 없다는 평판을 들을 수 있다. 이 세상에 사소한 잘못을 저지르지 않는 사람은 없다. 스스로 떳떳하지 않은 사람이 타인을 비판해서는 안 된다.

36

타인에게 관대하라

빈틈이 없는 사람이 의외로 하찮은 것에 매달리는 일이 있다. 지식이 많을수록 무지한 사람에 대해 인색하게 굴기도 한다. 지식의 맛을 보고는 무지를 이해하지 못하기 때문이다.

그러나 관대함은 중요한 미덕이며, 어리석은 사람도 참아주는 노력이 필요하다. 인내는 결국 평화와 기쁨을 가져다주며, 인내 자체도 보상받는다. 주위 사람의 결점을 참아내지 못하는 사람은 대개 자신에 대해서도 참지 못한다.

37

다른 이의 불행에 동조하지 마라

불행에 깊이 빠져들지 마라. 누군가의 불행은 또 다른 누군가의 행운이 될 수 있으며, 그 행운은 많은 이의 불운에 기인한다.

운이 나쁘다고 그에게 필요 이상의 호의를 보이지 마라. 대개 사람들은 불운이 겹치는 사람에게 지나치게 호의를 보이는 경향이 있다.

38

상대의 단점을 외면하지 마라

나의 지성을 밝혀 상대의 단점을 간파해내라. 설령 상대가 비단옷을 두르고 금관을 썼다 하더라도 화려한 겉모습이 약점을 감출 수는 없다.

아무리 훌륭한 윗사람의 말이라도 무조건 따르는 것은 옳지 않다. 지위가 높다는 이유로 그의 단점을 외면해서는 안 된다. 또한 그의 결점을 따라해서도 안 된다. 지위가 높은 사람이 어리석은 짓을 하면 눈감아주지만 평범한 사람이 하면 바로 손가락질 받는다.

받아야 할 빚은 아껴둬라

누군가에게 받아야 할 빚이 있다면 하찮은 것으로 돌려받지 마라. 이는 모처럼 얻은 보석을 하수구에 버리는 것과 같다. 이 든든한 동아줄은 만일의 시간을 위해 아껴둬라. 운명의 폭풍에 휩쓸릴 때 그로 인해 살아날 수 있을 것이다.

　가치 있는 것을 사사로이 낭비해버리면 기댈 것이 없게 된다. 뒤에서 보호해주는 사람이 있으면 인생이 한결 든든하다. 절박한 시기에 은혜를 돌려받는 것은 일생일대의 중요한 일이다. 이는 행운보다 더 값진 보물이다.

40

쉽게 보이지 마라

매일 얼굴을 마주 대하는 사람들과 지나치게 가까워지려 하지 마라. 허물 없이 대하지 말 것이며, 격의 없는 태도도 옳지 않다. 일단 상대에게 맞추기 시작하면 이후에 다시 자리를 찾기가 힘들다.

별을 보라. 멀리 떨어져 있어도 영롱하게 빛을 내고 있다. 인간사도 어느 정도 거리를 유지하면 세세한 일들을 감출 수 있으나 거리가 가까워지면 감추고 싶은 것도 그대로 드러나게 마련이다.

윗사람과 너무 가까이 지내는 것은 위험하며, 아랫사람과 너무 많은 것을 공유하는 것도 바람직하지 않다. 양쪽 모두 피하는 것이 정석이다.

41

비밀은 말하지도 말고 듣지도 마라

윗사람과는 비밀을 공유하지 마라. 이는 성과의 열매를 나눠 갖는 형국으로, 결국 먹지 못할 씨만 돌아온다. 비밀을 털어놓으면 결국 남는 것은 괴로움뿐이다. 마치 수프에 젖은 빵처럼 심신이 지친다. 사람의 급소를 틀어쥐면 이는 바로 채찍이 되며, 역으로 나를 위협하는 치명적인 무기가된다.

특히 친구끼리 비밀을 털어놓는 것을 조심하라. 비밀을 말하는 순간 상대에게 끌려 다니게 되고, 이 같은 긴장 상태로는 친구관계를 지속하기 힘들다. 결국 약점이 잡힌 쪽에서 반발하여 자유를 되찾으려 할 것이고, 이로 인해 관계는 완전히 금이 가버린다.

42

때로는 학식이 없는 체하라

세상의 원리를 깨우친 사람이라면 때로는 아무것도 모르는 듯 행동하는 것이 진정한 지혜임을 알고 있다.

세상 물정에 어두운 것이 아니라 단지 그렇게 보일 뿐이다. 특히 학식이 부족한 사람들 속에서는 높은 지성은 큰 도움이 되지 않는다. 상대가 알아들을 수 있는 말로 이야기하는 것이 상책이다.

어리석은 척하는 사람이 진짜 어리석은 자는 아니다. 어리석은 듯 행동한다고 해서 바보도 아니다. 무리 속에 잘 섞이기 위해 잠시 다른 탈을 쓰는 것은 매우 쓸모 있는 삶의 기술이다.

43

껄끄러운 농담은 흘려들어라

자신이 웃음의 소재가 되더라도 흘려보낼 수 있다면 그릇이 큰 사람이다. 그들은 타인에게 똑같이 질 나쁜 농담을 함으로써 되갚아주려고 하지 않는다. 내게 오는 농담은 여유롭게 피하고, 타인에겐 삼간다.

농담에 잘 대응하는 것도 지성과 기품의 일부분이다. 모르는 척하고 흘려듣는 것이 요령이다. 다만 인내의 한계가 어디까지인지 미리 알려두어야 최악의 사태를 막을 수 있다.

44

다른 이의 불행에 휩쓸리지 마라

불행에 빠진 이에게 도움의 손길을 내미는 것은 때로 함께 구덩이에 빠지는 일이 될 수 있다. 곤란할 때 무거운 짐을 나누려고 하는 사람은 곤경에서 벗어난 후에는 이쪽을 냉대한다.

  물에 빠진 사람을 구하려면 우선 냉정한 태도를 유지하라. 그리해야 나의 목숨을 내놓지 않고 상대를 구할 수 있다.

도와준 상대에게 감사하라

나를 도와준 사람이 보람을 느끼도록 만들어라. 상대가 마치 보수를 받은 듯 느끼게 하라.

나한테 좋은 것이 상대에게도 좋은 것이라 생각하게 만드는 것이 중요하다. 그러면 도움을 준 사람은 뭔가 돌려받은 듯 느끼게 된다. 누구와 누구 사이에 오고 가고, 누가 더 이익인지의 경계가 흐릿해짐으로써 감사하는 마음과 만족감이 생긴다.

46

벽을 허물어라

높은 지위에 올랐을 때, 혹은 많은 사람을 지휘할 수 있는 권한이 있을 때 자만하는 것은 현인의 태도가 아니다. 누구든 부하들이 자신의 명령을 독화살 피하듯 슬금슬금 피하기를 원치 않을 것이다.

윗사람이 제 역할을 다하기 위해서는 위세를 떨어선 안 된다. 언제든지 누구나 다가올 수 있도록 배려하라. 개인적인 잣대로 상대를 괴롭히거나 불이익을 주는 것도 옳지 않다. 사람들로부터 지지를 받고 싶다면 우선 불쾌한 표정이나 거만한 태도를 보이지 말아야 한다. 교만한 자는 오래가지 못하는 법이다.

47

누구에게도 빚을 지지 마라

혼자 모든 책임을 다 지려고 하면 결국엔 꺾이고 만다.

사람은 제각기 숙명이 있어서, 좋은 일을 하는 사람이 있는가 하면 반대로 그 열매를 누리기만 하는 사람도 있다. 후자가 더 편하다고 생각할지 모르나 이는 큰 오산이다. 빚을 만들기 때문이다.

아무 속박이 없는 상태야말로 가장 이상적이다. 많은 이들이 나에게 의지를 하더라도 나는 누구에게도 의존하지 않도록 노력하라.

힘이 있으면 더 많은 이들을 도울 수 있겠지만, 이는 어디까지나 의무가 아니다. 많은 이들이 나에게 그것을 요구한다 해도 말이다.

2장

협상에 관하여
about negotiation

"거짓말을 해서는 안 되지만,
그렇다고 모든 것을 밝힐 필요도 없다."

48

말을 길들여라

말[言]은 길들이지 않은 야수와 같다. 한번 풀어놓으면 결코 돌아오지 않는다. 현인은 말을 잘 제어한다. 말은 마음의 창이며, 이를 통해 상대에게 나를 보여준다.

침묵해야 할 때를 알라

일에 있어서 때로 태도를 애매하게 하라. 상대에게 손바닥을 다 내보이는 것은 경솔할 뿐만 아니라 품위를 잃는 일이다. 이쪽의 의도를 다 보이지 말고 여운을 남겨 상대가 기다리게 하라. 이는 마음속 깊이 있는 사적인 속내를 모조리 밝히지 않는 것과 같다.

침묵할 때를 알라. 너무 빨리 목적을 밝혀버리면 비난의 화살을 피할 수 없다. 기다리게 함으로써 주변의 시선이 내게로 모이게 하라. 그러는 동안 상대를 움직일 수 있다.

재능은 조금씩 아껴서 보여주어라

누구에게나 똑같은 얼굴을 보여줄 필요는 없다. 어느 장면에서, 누구에게, 어떤 부분을 보일지를 생각하라. 장점은 가급적 한꺼번에 보이지 말 것이며, 어떤 교섭에서도 필요 이상으로 자신을 드러내지 마라.

나의 진가를 한 번에 보여줄 필요는 없다. 오히려 더 알고 싶은 상대의 호기심을 빼앗을 뿐이다.

물러나 있다가 다른 기회에 주변을 깜짝 놀라게 하라. 항상 뭔가 새로운 발견이 있고, 흥미로운 사람이라는 인식을 심어주는 것이 중요하다.

진실을 모두 말하지 마라

거짓말을 해서는 안 되지만, 그렇다고 모든 것을 밝힐 필요도 없다. 진실은 세심하게 주의해서 다뤄야 한다. 진실은 섬세한 마음에서 생겨나기 때문이다. 정직도 중요하지만, 진실을 감춰두는 것도 그 못지않게 중요하다.

누구보다 성실하다는 평판을 받았던 사람이라도 단 한 번의 거짓에 쓰러질 수 있다.

거짓은 배신이다. 거짓말을 한 자는 비겁자다. 하지만 그럼에도 말할 수 없는 진실이 있다. 그것은 자기 자신을 위한 것일 수도 있고, 타인을 위한 것일 수도 있지만 진실을 말하지 않는 것이 좋을 때도 있다.

계속 기대하게 만들어라

상대가 항상 나에 대해 기대하게 만들어라. 그리고 항상 그 기대 이상을 목표로 하라. 상대의 기대를 저버리지 않도록 꼼꼼히 계산하면서 절도 있게 접근하라.

스스로 깎아내리지 마라

스스로 평범한 인간에 지나지 않다는 것을 밝히고, 초인적이라는 환상을 깨뜨리는 것은 큰 잘못이다.

신중함은 자칫 경솔함으로 이어질 수 있으며, 결국 평판을 떨어뜨리게 된다. 한번 어리석다는 평가가 내려지면 똑똑한 사람임을 증명하기는 어렵다.

상대의 기대에 조금씩 응하라

조각가는 스스로 우상을 만들 수 없다. 사람들이 숭배할 때 비로소 우상이 된다.

사람들이 나를 의지하게 만들어라. 의지할 수 없다면 결코 존경하는 마음도 생기지 않는다. 사람들이 기대를 갖게 하라. 그렇지만 그들의 바람을 완전히 충족시켜주지는 마라.

희망은 오래 지속되지만 감사는 생명이 짧다. 얻고자 하는 것을 손에 쥔 다음에는 금방 잊힌다는 것을 항상 머릿속에 새겨둬라.

아는 전부를 가르치는 것은
어리석은 짓이다

제자나 후배한테 나의 모든 것을 가르쳐주지 마라. 존경과 경애를 잃고 싶지 않으면 이는 반드시 지켜야 할 철칙이다.

　높은 자리에 있는 사람은 아랫사람들이 계속 자신에게 의지하도록 만들어야 하며, 그들의 기대를 배반해서는 안 된다.

호의를 베풀어라

뛰어난 책략가는 상대의 부탁을 들어줌으로써 은인으로 떠받들어진다는 사실을 알고 있다. 지금 바로 공이 돌아오지 않더라도 기꺼이 호의를 베풀어 자신의 진가를 높여라. 상대는 더욱 고마움을 느끼게 된다.

이는 결초보은의 절묘한 방책이지만, 이를 실천하려면 신용이 있는 사람이어야 한다. 이기적인 사람은 친절을 오히려 속박으로 생각하기 때문이다.

57

상대의 약점을 찾아라

누군가를 내 편으로 만들려면 그 사람의 약점이 무엇인지를 알아야 한다. 상대의 마음속 깊이 파고들기 위해서는 힘이 아니라 머리를 써야 한다.

누구든 쾌락이나 명예에 대한 욕망이 있다. 우선 상대의 마음속에 감춰진 강한 욕망이 무엇인지 알아내면 그 마음을 움직일 수 있는 열쇠를 손에 쥔 것과 같다. 이 세상에 성인은 드물고 대부분의 사람이 속인(俗人)이니, 상대가 열광하는 그곳이 바로 공격 지점이다. 최고의 욕망은 가장 쉬운 약점이다.

속을 털어놓게 만들어라

사람을 말로 몰아세워 속마음을 밝히게 만드는 방법이 있다. 상대의 본심이나 의도를 교묘하게 파고들며 자연스럽게 막연한 의심을 표명하는 것이다. 이렇게 하면 상대는 마음속 깊숙이 감춰두었던 것까지 모두 풀어내고, 본인의 정체를 밝히게 된다. 이 방법은 이제껏 절대 입을 떼지 않았던 사안에 대해서도 효과적이다.

의혹의 눈으로 보는 것은 감추어진 정보의 자물쇠를 여는 최상의 비책이다. 배우는 사람은 가르치는 사람에게 끊임없이 질문을 던져 그를 자극할 때 많은 지식을 이끌어낼 수 있다. 절제를 유지할 수만 있다면 가장 효과적인 학습 방법이다.

야유를 잘 이용하라

슬며시 비꼬는 문구를 언제든 사용할 수 있게 비축해두라. 이로써 상대를 시험하거나 태도 뒤에 감추어진 속내를 알아낼 수 있다.

야유는 민감한 것이지만 상대의 마음에 비수처럼 꽂힌다. 그것이 질투나 분노를 야기하게 되면 감정을 다치게도 하고, 오랜 시간 상대의 무례를 참아왔다면 관계에 상처를 낼 수도 있다. 그러나 정확히 잘 들어가기만 한다면 신랄한 언어는 나를 유리하게 만들어준다.

다수의 의견을 거스르지 마라

강의 흐름을 거슬러 헤엄치는 것은 위험하다. 그 흐름을 바꾸려는 것도 부질없는 짓이다. 이는 소크라테스와 같은 현인이 아니고서는 해내기 어렵다.

세상의 일반적인 사고에 반대하면 다수의 의견을 공격하는 것으로 오해 받는다. 분별이 있는 사람은 연설을 할 때도 자신이 생각하는 진실을 말하는 것이 아니라, 세상 사람들이 널리 믿고 있는 진실을 말한다.

다수 사람들이 믿는 의견과 다른 말을 하면 비웃음만 살 뿐이다. 자신의 의견을 다수에게 강요하지 마라. 그저 침묵하거나 아니면 일부 믿을 수 있는 소수에게만 진실을 말하라.

바람의 흐름을 감지하라

행동하기 전에 미리 결과를 생각해보라. 새로 시작하려는 것이 안전하다는 확신이 생기면 한층 새롭게 자신감을 얻을 것이며 이를 바탕으로 힘차게 나아갈 수 있다.

전진, 후퇴가 모두 가능할 때 신중하게 타진하라. 이는 법률 문제든 애정사든 정치 문제든 모든 분야에 두루 통하는 살아 있는 지혜다.

현명함을 감춰라

일을 할 때 현명하고 요령 있게 움직이는 것도 중요하지만, 그보다 일을 계산하고 있음을 사람들에게 들키지 않는 것이 우선이다. 선견지명이 있는 수완은 분명히 강점이지만, 이런 잔기술을 구사하고 있음이 알려지면 배척당하거나 경멸을 받을 수 있다.

사람들의 의심을 사지 않도록 능력을 잘 감춰라. 속마음은 비밀로 숨겨 둔 채 진행 과정을 은밀히 살펴라. 그리고 확신이 서면 비로소 계획을 실행하라.

평정심을 유지하라

자중하는 마음을 유지하라. 어떤 경우에도 격정에 빠져서는 안 된다. 감정이 격하게 흔들리더라도 균형을 유지하는 것이 진정한 위대함이고 품격이다. 감정이 폭발하면 심신이 괴롭고 지치게 된다. 또한 감정이 격할 때 튀어나온 말은 평판을 떨어뜨리며 이는 돌이키기 어렵다.

　반대로 자제심은 사람을 강하게 만들어준다. 어떤 일이 있어도, 설령 최악의 재난이나 예기치 못한 사태에 부딪히더라도 절대 평정심을 잃지 마라.

계획을 밝히지 마라

열정은 영혼의 창이다. 이를 통해 영혼이 드러나지 않도록 잘 감추어라. 내 손에 쥔 카드를 다 보여주면 패배는 따놓은 당상이다. 한시도 방심하지 말아야 공격에서도 유리한 위치를 차지할 수 있다. 나의 욕망은 절대 비밀로 하라. 이를 가로채거나 방해하려는 상대가 항상 노리고 있다는 것을 잊지 마라.

상처를 보이지 마라

아픔을 호소하지 마라. 상처가 알려지면 어떤 사람은 그 자리를 더 키우려 달려들 것이다. 분노를 드러내면 비웃음의 대상만 될 뿐이다. 적은 아픈 곳을 집요하게 공격하고 나의 약점을 이용하려 든다.

감정을 드러내지 말고, 어떤 상처도 입 밖에 내지 마라. 쉽게 상처받는 사람에게는 운명마저 역풍으로 불 수 있다. 고통도, 재기를 위한 발판도 모두 깊숙이 감춰둬라. 그러는 사이 고통은 사라지고 재기를 위한 발판도 튼튼히 만들어진다.

66

사소한 결점을 내보여라

때로는 약점을 드러내 보이는 것이 좋을 때가 있다. 빈틈없는 사람에겐 질투심이라는 후환이 돌아올 수가 있다. 흠잡을 데 없는 사람을 에둘러 욕하는 것이 많은 이들의 본심이다.

지성이나 성격 면에서 완전무결했던 습관을 살짝 풀어놓아라. 다만 분별력은 유지하라. 그로써 상대의 질투를 누그러뜨리고 그 폐해가 내게 돌아오는 것을 막을 수 있다. 질투에 미쳐 날뛰는 상대에게 이쪽의 약점을 살짝 내보임으로써 명성을 오래 유지할 수 있다.

동의하는 척하라

우선은 상대의 의견에 동의하는 듯 행동하라. 그런 다음 상대를 넘어뜨릴 기회를 찾아라. 상대가 원하는 것을 얻었다고 믿게 만들어라. 그리고 실제로는 이를 제압할 수 있는 포석을 깔아둔다.

이 전법은 충돌의 위험이 있을 때 특히 유용하다. 슬며시 전진하라.

올바른 논리를 취하라

상대의 논리가 올바를 때는 단순히 대항하려는 이유만으로 맞서지 마라. 상대는 올바른 쪽에 있기 때문에 반은 이긴 것이나 다름없다. 무조건 반대를 고집하면 명예를 잃게 된다. 특히 말만이 아니라 행동을 함께 동반할 때는 더욱 조심해야 한다. 잘못된 행동을 하면 자칫 자신의 목을 스스로 조이는 결과가 될 수 있다.

이럴 때는 상대와 같은 편에 서라. 돌연 생각지 못한 협력에 놀란 상대가 오히려 반대편으로 돌아설 수 있다. 이렇게 되면 내가 우위에 서게 되므로 기필코 승리할 수 있다.

상대보다 유리한 입장에 서는 유일한 방법은 올바른 논리 위에서 토론하고, 상대에게는 그 입장을 버리도록 유도하는 것이다.

상대를 골라가며 토론하라

상대가 더 이상 잃을 게 없다는 자세로 논쟁에 달려들면 이쪽은 절대 불리한 입장으로 몰리게 된다. 이런 이는 명예를 잃는 것이 전혀 두렵지 않기 때문에 일말의 주저도 없이 불길 속으로 뛰어든다.

내가 아무리 조심스럽게 대해도 상대는 안하무인인 상태. 여기에 휘말리면 자칫 오랜 세월에 걸쳐 쌓아올린 명성이 어처구니없게 한순간에 무너져버린다.

적의 행동을 잘 관찰하라

적이 어리석다면 분명 최선책을 취하지 못할 것이다. 판단 능력이 없기 때문이다. 그러나 신중한 상대라면 진의를 드러내지 않으므로 더욱 주의해야 한다.

상대의 행동을 이 두 가지 관점에서 잘 관찰하라. 사람마다 움직이는 동기가 다르므로 여러 가지 가능성을 폭넓게 고려해야 한다. 경계를 늦추지 말고 이성적으로 판단하라.

상대의 욕망을 이용하라

철학자는 욕망을 덧없다고 말하지만, 정치가는 욕망이야말로 모든 것임을 알고 있다. 이 점에서는 정치가가 더 영리하다. 다른 사람의 욕망을 자신의 목적에 이용할 줄 안다.

욕망이 있으면 힘이 생기고 활기를 띠지만 그것이 막상 손에 들어오면 타성적이 된다. 상대의 욕망을 잘 이용하라. 상대가 원하는 것이 좀처럼 얻기 힘든 것임을 강조하여 그 욕망을 한껏 부추겨라. 그렇게 함으로써 상대를 나의 뜻대로 움직일 수 있다. 이로써 목적 달성이 더욱 쉬워진다.

나에 관한 정보는 절대 감춰라

좋든 싫든 사람은 태어난 지역의 습성을 떨쳐버리지 못한다. 태어난 고향으로부터 많은 혜택을 입은 사람도 있다. 어떤 나라든, 설령 선진국이라도 민족 대립 등의 문제를 안고 있다. 외모에서 민족성을 지울 수는 없지만, 적어도 자신의 태생은 밝히지 않는 것이 좋다.

지위, 직업, 연령도 마찬가지다. 자신에 관한 정보는 공개하지 말고, 감출 것은 감춰라. 이로써 일단 문제에 휘말릴 위험을 차단할 수 있다. 자신을 불리하게 만들 소지가 있는 정보의 공개는 최대한 신중하게 하라.

오히려 수수께끼를 남겨둠으로써 가치가 올라갈 수 있다. 추정할 수 없는 것은 평가가 높아지기 때문이다.

모호함을 유지하라

사람들은 자신이 이해할 수 있는 것에 대해서는 찬사를 보내지 않는다. 반대로 자신의 이해를 뛰어넘는 것이나 완전히 파악되지 않는 것엔 경의를 표한다. 보석이 비싼 것은 귀하기 때문이다.

사람들을 대할 때 상대의 존경을 얻고 싶으면 상대보다 지혜롭고 똑똑해 보이도록 하라. 속을 다 보이지 마라. 상대가 나를 해석하기 힘들게 만들어 비판의 여지를 주지 마라.

신비한 환상을 유지하는 한 상대는 나를 잘 알지 못하므로 칭찬을 멈추지 않는다.

과한 선물은 오히려 독이다

상대방이 답례하기 힘들 정도로 과한 것을 주지 마라. 서로에게 가볍게 감사의 마음을 갖는 정도가 좋다. 이것이 지나치면 오히려 관계가 끊어지거나 적이 될 수 있다. 빚을 진 사람은 눈앞에 채무자가 있는 것을 달가워하지 않는다.

부담이 적으면서도 상대가 원하는 것을 주어라. 받은 사람이 소중히 여기는 것이 중요하다.

너무 사랑하지 말고
미워하지도 마라

끝까지 사랑하지 말 것이며, 끝까지 미워하지도 마라. 오늘의 친구가 내일
은 가장 큰 적이 될 수 있다. 이를 받아들이면 마음가짐을 달리할 수 있을
것이다.

설령 친구가 배신하였다 하더라도 공격하지 마라. 그리고 적과 화해할
수도 있다는 마음을 항상 가져라. 어제는 복수에 불탔으나 오늘은 고뇌로
변하고, 마지막에는 자신이 한 행동을 후회할 수 있다.

힘보다 지혜를 사용하라

힘으로 목적을 달성하지 못했다면 머리를 사용하라. 양보해야 할 때를 알면 싸움에서 반은 이긴 것이나 다름없다. 용감한 사람의 길을 가는 것을 포기했더라도 지혜의 길이 남아 있다. 힘보다 지혜 앞에 더 많은 길이 있다. 현명한 사람이 용감한 사람보다 세상을 잘 헤쳐나간다.

그러나 끝내 목적을 달성하지 못했을 때는 처음부터 원하지 않았던 것처럼 행동하라. 이 역시 지혜의 하나다.

두려워하지 말고 소신껏 말하라

예민한 사안은 조심스럽게 말하고 평범한 사안에는 끼어들지 마라. 독창적인 의견을 말하고, 반론을 할 때는 두려운 기색을 보이지 마라. 항상 동의만 하는 사람은 존경을 받지 못한다. 반대로 자신의 의견을 중요시하고 이를 당당히 말하는 이가 대접받는다.

또한 아첨꾼을 경멸하고, 이들에 속지 마라. 반드시 대가를 치르게 된다.

칭찬을 액면 그대로 받아들이지 마라

나에게 악의를 품고 있는 사람의 이야기를 들을 때 긍정은 부정을, 부정은 긍정을 의미할 수 있음을 염두에 두라. 칭찬을 액면 그대로 받아들여서는 안 된다.

좋은 점을 칭찬하고 싶지 않아서 일부러 나쁜 점을 들춰내는 사람도 있다. 옥석을 제대로 가리지 못하는 사람은 좋은 것의 가치도 결코 알지 못한다.

79

천천히 물러서라

대립이 극한 상태까지 달하면 명성도 가루처럼 흩어져버린다. 모든 이가 적으로 보이고 같은 편이라 여겨지는 이는 얼마 없는 듯 느껴진다. 호의적인 사람은 어디론가 사라지고 누구든 위해를 가할 것만 같다.

오랜 친구가 세상에 더할 나위 없는 적으로 돌아서는 일도 있다. 누구의 과실이든 서로 상대 탓만 한다.

친구와 의절을 할 마음이라면 격하게 싸우지 말고 그럴듯한 구실을 만들어 자연스럽게 멀어져라. 불같은 분노로 관계를 깨버리고 마음의 상처를 입는 것은 어리석다. 천천히, 침착하게 뒤로 물러서라.

경쟁 상대를 아군으로 만들어라

누군가가 나를 상처 내기 위해 호시탐탐 노리고 있다는 것을 알아챘다면 이를 피하는 방법이 있다. 이것이 후에 복수를 하는 것보다 낫다.

바로 적을 내 편으로 만드는 것이다. 나를 흠집 내려 한 상대를 오히려 내 명예를 위한 든든한 방패로 만드는 것이다. 어떻게든 상대에게 은혜를 베풀어라. 그렇게 하여 잔뜩 노리고 있던 힘을 감사하는 데 쓰게 하라. 고통을 기쁨으로, 악의를 신뢰로 바꾸는 방법을 익혀라.

3장

말하는 법에 관하여
about talk

"평생 후회할 말은 절대 입 밖에 내지 마라."

알아듣기 쉽게, 분명하게 말하라

이야기를 할 때는 듣기 편하고 이해하기 쉽게 해야 한다. 생각을 머릿속에 품는 것은 간단하다. 그러나 이를 말로 풀어내는 것은 어렵다. 누구나 훈련을 하지 않으면 사고력과 판단력이 생기지 않는다.

말을 많이 하는 것에 비해 알맹이가 부실한 사람이 있는가 하면, 간결한 말 속에 요점을 쉽게 전달하는 사람도 있다.

당연히 후자에 더 귀를 기울인다. 누구나 쉽게 이해할 수 있기 때문이다. 반면 특별하게 보이고 싶은 마음에 잘 알지도 못하는 말을 늘어놓는 사람은 그리 높은 평가를 받지 못한다. 본인도 잘 모르는데 듣는 이가 알아들었을 리 만무하지 않은가.

82

부드럽게 말하라

부드러운 말에는 마음을 따뜻하게 하는 힘이 있다. 반면 거친 말에는 영혼에 상처를 내는 가시가 있다. 상대를 격려하는 말로 부드럽게 다가가면 적조차 태도를 누그러뜨린다. 이 사실을 아는 사람은 모임의 분위기를 주도할 수 있다.

　사람들에게 호감을 사는 가장 좋은 방법은 부드럽게 말하는 것이다.

항상 예의를 잃지 마라

예의 바르게 행동하면 호감을 얻을 수 있다. 사람과 사람을 이어주는 것은 무엇보다 정중한 말 한마디다. 반면 무례한 행동은 순식간에 비난을 산다.

사이가 좋지 않은 경쟁자 앞에서도 예의 바르게 행동하라. 그릇이 큰 사람이라는 소리를 들을 것이다. 상대는 물론 나의 체면까지 세우는 간단한 요령이다. 작은 노력이지만 보상은 오래 지속될 것이다.

84

때로는 분노를 표현하라

전혀 화를 내지 않는 사람은 인간미가 느껴지지 않는다. 분노는 인간의 자연스러운 감정이다. 참새들이 노는 밀밭의 허수아비가 되어서는 안 된다. 때로 화를 내기도 하고, 때로 부드럽게 하여 감정을 지닌 인간임을 보여주어라.

한결같이 부드럽게 대해주어야 할 대상은 어린아이와 바보, 둘뿐이다. 그 이외의 사람에게 무조건 잘해주기만 하면 오히려 진부한 느낌을 준다.

85

소문을 즐기지 마라

입만 열면 이러쿵저러쿵 소문을 내고 돌아다니는 사람이 있다. 이런 이를 가까이 두지 말 것이며, 그의 입소문에 걸리지 않도록 조심하라. 또한 그에게서 들은 말을 다른 사람에게 옮기지도 마라.

험담이 담긴 입에 발린 말은 독이 든 설탕과자와 같다. 그 수법에 절대 넘어가지 마라. 중상모략에 발을 들여놓으면 언젠가 자신에게도 불운이 돌아온다는 사실을 잊어서는 안 된다. 행복을 스스로 걷어차지 마라. 그저 방긋 웃기만 하라.

과장하지 마라

허풍스러운 말투는 하루 속히 고쳐라. 과장은 대개 진실을 감출 뿐만 아니라 바보스러워 보이게 할 뿐이다. 설령 그것이 올바른 의견이라고 해도, 말에 과장이 있으면 신뢰를 주지 못한다.

사람이든 사물이든 칭찬에는 기대가 따르게 마련이다. 그러나 기대가 어긋난 경우 칭찬한 쪽도 칭찬받은 쪽도 고개를 숙이게 된다. 그러므로 삼가 경계하고 절도를 지킬 것이며 의견은 신중하게 조절해야 한다. 과장된 표현은 거짓의 일종이니 허풍이 많으면 올바른 판단력을 가졌는지조차 의심받게 된다.

87

비판하지 마라

세상일을 삐딱하게만 보고, 좋지 않은 점을 콕 집어 토를 달아야 직성이 풀리는 사람이 있다. 심술궂어서라기보다 나쁜 면만 보는 성격 탓이다. 이런 편협한 심성을 가진 사람은 상대를 가리지 않고 비판을 해댄다. 마치 집요하게 먹이를 궁지로 몰고 가는 형세다.

넓은 마음으로 비판적이 되지 않도록 노력하라. 어떤 일이든 전향적인 해석을 이끌어낼 줄 알아야 한다. 비록 기대한 결과가 나오지 않았더라도 적어도 의도는 좋았다, 하고 긍정할 수 있어야 한다.

자신에 대해 시시콜콜 말하지 마라

자신을 화제에 올리면 자화자찬 아니면 자기비판이 되기 쉽다. 칭찬을 하면 자만이 되고, 깎아내리면 심약한 인간으로 비친다. 어느 쪽이든 불편하기는 매한가지다.

다시 언급하지만 일상적인 대화에서든, 업무상의 자리에서든 개인적인 화제는 피하라. 많은 사람들 앞에서 이야기할 때는 특히 주의하라. 같은 이유로 함께 자리에 있는 사람에 대해서도 화제에 올리지 않는 것이 좋다. 아첨 또는 비판이 되기 쉽기 때문이다. 무엇이든 도가 지나치면 득이 없다.

89

성급하게 처신하지 마라

항상 냉정하게 자존심을 잃지 않는 사람은 막말을 하는 상대에게도 휘둘리지 않는다. 자신을 자유롭게 컨트롤하는 것은 진정한 자유의지를 얻은 것과 같다.

감정이 격해 있을 때라도 일에는 지장이 없도록 노력하라. 분명 높은 평가를 얻을 수 있을 것이다.

평생 후회할 말은 아예 입 밖에 내지 마라.

90

불평하지 마라

불평은 나쁜 인상을 심어줄 뿐이다. 격한 감정에 휘둘리지 말고 항상 차분함을 유지하라. 불평은 다른 이에게 자신의 약점을 고스란히 내보이는 것과 같다. 불평은 다른 불평을 불러오고, 탄식은 사람을 초라하게 만들 뿐이다.

지혜로운 사람은 자신의 고난을 절대 알리지 않는다. 이는 상대에게 이용당하는 것을 막기 위함이다.

반대를 일삼지 마라

어떤 문제든 반대편의 시점에서 볼 줄 아는 것은 일종의 재능이다. 그러나 항상 반대 의견을 내는 것은 세상 물정을 모른다는 증거다.

대화를 즐겨야 할 때 무조건 시비를 걸지 마라. 친구를 적으로 돌릴 뿐이다. 그럴 바엔 아예 입을 다물고 있는 편이 낫다.

간결하게 말하는 능력을 키워라

말을 간결하게 하는 재능은 듣는 이를 기쁘게 할 뿐 아니라 좋은 것은 더욱 좋게, 나쁜 것은 그리 나쁘지 않게 전달하는 마력이 있다.

쓸데없는 말을 길게 늘어놓거나 중언부언하면 오히려 아무것도 모르는 사람이라는 인상을 준다. 지루한 사람은 동료들 사이에서도 인기가 없어 따돌림을 당한다. 윗사람을 거북하게 하거나 주변 사람들을 불안하게 만들기도 한다. 그들의 귀중한 시간을 빼앗지 마라.

간결한 말 속에 힘이 있다.

핵심을 바로 찔러라

누구나 중심에 있고 싶어한다. 그럼에도 많은 사람들이 쓸데없이 주변에서 어슬렁거리거나 똑바로 접근하지 않는다.

입으로만 떠벌리고 핵심을 피하는 것은 시간 낭비다. 중요한 핵심에 곧바로 들어가서 집중력을 높여라. 샛길로 빠지지 마라.

94

미소로 흘려보내라

순발력 있게 분란을 모면하거나 적절한 말을 찾아야 할 때가 있다. 일촉즉발의 상황을 잘 피해가는 능력은 인생에 큰 도움이 된다.

아무리 긴장된 순간이라도 미소와 여유가 있으면 빠져나갈 수 있다. 이보다 더 분위기를 원활하게 흘려버리는 기술은 없다. 어느새 화제가 바뀌어 있을 것이다.

95

예의 바르게 거절하라

거절을 잘하는 것도 중요한 삶의 기술이다. 모두를 만족시킬 수는 없다. 이는 시간 낭비일 뿐 아무 이득이 없다.

그러므로 우선 예의를 갖춰 말하는 방법을 익히도록 하라. 항상 거부만 하면 효과도 없고 분위기만 나빠진다. 때에 따라서는 정중하게 거절하는 것이 어설프게 동의하는 것보다 낫다.

무 자르듯 단칼에 거절하는 것은 하수의 방법이다. 윗사람에게는 일단 경의를 보여야 하며 거절하는 중에도 희망의 여지를 남겨 분위기를 부드럽게 해야 한다.

동의 대신 예의 바른 태도와 정중한 말로 자신의 의견을 정확히 전달하라. '승낙'이든 '거절'이든 입 밖에 내는 것은 간단하지만, 이를 전달하는 방법은 신중하게 생각해야 한다.

농담은 때와 장소를 가려라

기지나 농담이 정도를 벗어나면 웃음거리가 되어버린다. 진지한 사람이 농담만 일삼는 사람보다 높은 평가를 받는다. 우스갯소리를 잘하는 사람은 진실하지 못한 사람으로 인식되기 쉽다. 말하는 내용 중 어떤 것이 진짜이고 어떤 것이 거짓인지 알 수가 없기 때문이다.

특히 의견을 내놓을 땐 이것이 진지하게 생각한 끝에 나온 결론임을 분명히 알려주어야 한다. 그 자리에서 적당히 나온 이야기처럼 들리게 해서는 안 된다.

농담이 지나치면 미움을 산다. 가벼운 사람이라는 평가보다 냉정하고 사려 깊은 사람이라는 평가가 낫다. 농담은 때와 장소를 잘 가려서 하라. 그 이외는 진지한 모습을 보여라.

사소한 일을 크게 만들지 마라

무슨 일이든 장황하게 늘어놓고, 사소한 문제에 소란을 떠는 사람이 있다. 이런 부류는 거드름을 피우고, 사소한 일도 비밀에 싸인 수수께끼로 만들어버리는 특징이 있다.

사소한 갈등을 일부러 크게 부풀릴 필요는 없다. 어깨를 아프게 하지도 않는 가벼운 짐 때문에 속을 끓일 이유가 있겠는가? 자잘한 일들은 내버려두면 저절로 사라지나, 이를 자꾸 떠벌리면 수습하기가 힘들어진다. 때론 침소봉대하지 않는 것이 가장 좋은 해결책이다.

대화 상대를 배려하라

듣는 사람이 불쾌해하는데, 말하는 사람이 자기만족에 빠진들 무슨 의미가 있겠는가. 자기 말의 가장 충실한 청자(聽者)가 오직 자신뿐이라면 이보다 더한 바보는 없다. 말하는 이와 듣는 이가 일치하지 않도록 하라.

또한 '전에도 말했지만'이나 '지금 말하려고 하는 것은……' 등의 말투를 반복하지 마라. 대화가 지루해진다. 말할 때마다 일일이 찬성이나 승인을 구하는 것은 듣는 이의 인내심을 시험하는 일이다.

99

익살과 지루함, 둘 다 경계하라

평범하게 보이고 싶지 않아서 익살을 부리는 사람이 있다. 하지만 그리 좋은 생각이 아니다. 익살스러운 태도든 지루한 태도든 모두 신뢰를 떨어뜨린다.

진지함을 잃는 순간 바보로 전락하고 만다. 우스꽝스러운 원숭이 흉내를 내면 당장은 사람들을 웃기겠지만, 결국 남는 것은 조롱과 무시뿐이다.

성급하게 믿지 마라

신중한 사람은 귀에 들어온 말을 곧바로 믿지 않는다. 세상에는 거짓이 많고 믿을 만한 진실은 적다. 사람들이 한 말을 믿기 전에 신중히 생각해야 하지만, 그렇다고 해서 의심의 기색을 노골적으로 드러내서는 안 된다. 상대가 모욕감을 느끼거나 거짓말쟁이로 낙인찍혔다는 인상을 받지 않도록 주의하라.

현명한 이는 상대가 진실을 말하는지 확신이 설 때까지 판단을 미룬다. 거짓은 말만이 아니라 행동 속에도 숨어 있다. 오히려 이쪽이 훨씬 위험할 수 있음을 잊지 마라.

말 속에 독이 있다

여러 사람들 앞에서는 말을 더욱 조심하라. 그리고 누구에게든 예의 바르게 행동하라. 한번 내뱉은 말은 주워 담을 길이 없다. 그러므로 말을 던질 때는 신중해야 한다. 말수가 적을수록 돌아오는 비난이 적다.

　말을 잘 경계하는 것은 신성(神聖)의 경지에 올랐음을 의미한다. 반면 말을 줄줄 늘어놓는 이는 언젠가 말 때문에 낭패를 볼 것이다.

102

화려한 감언이설에 속지 마라

알맹이가 없는데 말에 교묘하게 꿀을 발라 사람들을 끌어모으는 이가 있다. 이런 사람은 여지없이 후에 돌아오는 책임을 회피한다. 이 수법은 사기 행위와 다름없다.

　한편 무엇이든 경솔하게 다 맡는 것은 결국 아무런 약속도 하지 않은 것과 같다. 구두 약속에 쉽게 속아 넘어가서는 안 된다. 보기에는 예절 바르고 정중하게 보여도 꾸며낸 태도라면 이는 단순한 속임수일 뿐이다. 진실한 이는 행동거지 하나하나에 책임의식을 담고 있다.

무거운 진실을 전하는 요령을 터득하라

진실을 말하려면 위험을 감수해야 한다. 따라서 진실을 전달하는 기술을 익히는 것이 좋다. 우선 어떤 이의 비보가 누군가에게는 희소식이 될 수 있음을 잘 활용하라. 물론 말을 할 때는 최대한 예의를 갖춰야 한다.

현재 시점을 과거로 바꾸어 이야기하는 방법도 있다. 상대의 이해가 빠르고 암시하는 것만으로도 충분하다면 이것도 효과적이다.

있는 그대로를 전달하기 어려울 때, 진실을 살짝 포장하는 기술도 필요하다.

104

상대의 본심을 헤아려 이야기하라

좋은 의도로 한 말이 자칫 상대를 불쾌하게 할 수 있다. 상대의 본심을 분별하지 못하면 오히려 상대의 감정을 상하게 하고 칭찬의 의도도 모욕으로 받아들여질 수 있다.

듣는 이의 감정을 읽어내서 정확하게 코멘트를 하라. 그런 배려가 부족하면 상대방을 기분 좋게 해주려던 것이 오히려 상처를 줄 수 있다. 칭찬하려는 의도였으나 거꾸로 정신적 타격을 주었다면 욕을 먹어 마땅하다.

부탁을 할 때는 시기를 조절하라

남에게 부탁을 잘하지 못하는 사람이 있는가 하면 자연스러운 사람도 있다. 또한 부탁을 받으면 절대 거절하지 못하는 사람이 있고, 분명히 거절하는 사람도 있다.

후자에게 부탁을 할 때는 시기를 잘 조절해야 한다. 기분전환을 하여 마음이 여유로운 때를 노려 상대가 이쪽의 목적을 간파하지 못하도록 해야 한다. 기분이 좋을 때는 경계심도 풀어진다.

반대로 일이 잘 풀리지 않는 사람이나 슬픔에 빠진 사람에게 뭔가를 부탁하는 것은 바보짓이다. 그런 이에게는 부탁을 하기 전에 친절을 베풀어라. 웬만큼 인정 없는 사람이 아니면 대부분 들어줄 것이다.

과도한 변명은 금물

지나치게 변명하지 마라. 설령 그럴 필요가 있을 때라도 말이다. 변명이 지나치면 켕기는 것이 있다는 오해를 사고, 약점이나 건전하지 않음을 증명하는 꼴이 되고 만다.

그런 상황에서는 누군가에게 의심을 받을 수도 있다는 정도로 가볍게 생각하고 앞서서 변명을 늘어놓지는 마라. 자칫 인생 태도 전반에 의심을 살 수 있다.

4장

지성에 관하여

about wisdom

"현인은 많은 행운을 누릴 수 있는 도량을 가지고 있다."

107

용기는 지식에 날개를 달아준다

지식은 모든 것을 가능하게 한다. 지식이 없으면 이 세상은 암흑일 뿐이다. 단, 용기를 동반하지 않은 지식은 아무 소용이 없다. 반대로 용기만 있으면 지식은 반쪽짜리다.

감정을 소중히 하라

머리와 마음은 모두 지성의 근간을 이룬다. 어느 한쪽을 부정해도 행복은 반으로 줄어든다.

이성과 이념의 세계에서만 살아가는 것은 어리석은 짓이다. 감정도 더할 나위 없이 소중한 삶의 요소이며, 사회적 기회를 얻거나 사업, 사교 등에서 빼놓을 수 없는 요인이다.

생각하고 또 생각하라

중요한 게 무엇인지 생각하는 훈련을 하라. 무분별한 사람이 잘 제어되지 않는 것은 사물을 다각도에서 받아들이지 못하기 때문이다. 이들은 전체를 보는 안목이 없다.

이성적으로 생각함으로써 상황을 올바르게 판단할 수 있다. 그리 중요하지 않은 사소한 것에만 지나치게 집착하다 보면 오히려 잘못된 판단이나 행동을 할 수 있다. 깊이 감추어져 있던 진실이 표면화되는 것을 기다려 그속에 감춰진 진실이 무엇인지 보라.

상대의 입장에서 생각하라

사람은 자신이 올바르다고 생각하고 그것을 정당화한다.

　두 사람의 의견이 대립했을 때 각기 자신이 올바르다고 주장하지만, 진실은 동전 양면 어디에도 존재하지 않는다. 그러므로 상대의 견해를 비판할 때는 충분히 주의하고 이성을 잃은 반론은 자제하도록 하라. 일단 상대의 입장에 서서 그 의견을 이해하려고 노력하라. 반대 입장에서 문제를 바라보면 상대만을 비난할 수도 없으며 나의 근거를 전폭적으로 내세울 수도 없다는 것을 알게 된다. 어느 정도는 상대의 입장에서 생각하라.

양보다는 질이다

일을 벌이는 것보다 집중하는 것이 중요하다. "최고급은 희소하다"는 말은 만고불변의 진리다. 무엇이든 양이 많으면 가치는 떨어진다.

역사에 이름을 떨친 위인 중에는 몸집이 작은 사람이 많다. 책은 무게로 평가되지 않는다. 책은 정신을 연마하는 것이지, 들어 올려 팔 힘을 증진시키는 것이 아니기 때문이다. 크기나 양은 본질과 아무런 연관이 없다.

무릇 이것저것 욕심을 내다가는 아무것도 달성하지 못한다. 많은 사람들 속에서 눈에 띄려면 질을 높여라. 사람의 본질 역시 무게로는 측량할 수 없으니, 어디까지나 양보다 질이다.

본질을 간파하라

면밀히 관찰하여 올바른 판단을 내리는 예민한 능력이 있으면 사람들의 위에 설 수 있다. 또한 사람들과 사물에 휘둘리지 않고 상황을 통제할 수 있다.

상대의 본심을 정확히 간파하고, 그 본질을 꿰뚫어볼 수 있도록 스스로를 연마하라. 자세히 관찰하면 사람들 마음속에 감추어진 진실까지 파악할 수 있다. 깊은 통찰력이 있으면 감추려는 비밀까지 풀 수 있다.

113

판단력을 키워라

살다 보면 선택을 강요받는 순간이 있다. 이런 때는 지식과 지성만으로 대응하기가 힘들다. 올바른 판단력과 분별력이 함께 발휘되어야 한다.

선택하는 것과 올바른 선택을 하는 것은 별개의 능력이다. 경험이 풍부하고 예리한 분별력이 있는 사람이라도 판단을 그르치는 일이 종종 있다. 그러므로 지성과 함께 판단력을 키우는 노력을 하라.

선택하지 않은 다른 길을 완전히 머릿속에서 배제하지 마라. 평가나 판단을 내린 뒤 이를 주위에 강요하는 것 역시 어리석은 일이며, 이는 심각한 질병이다.

정보에 속지 마라

귀로 들어오는 정보는 많고, 실제로 보는 것은 드물다. 사람들은 귀로 들은 것에 쉽게 넘어간다. 그리하여 귀로 들어온 거짓이 당당하게 통한다.

진실은 눈으로 확인하여 비로소 인정받는 것이지 사람들에게 들어 이해하는 것이 아니다. 소문에는 대개 선입견이 섞여 있다. 한참 시간이 지나서 들어오는 정보는 더욱 그러하다. 이 사람에서 저 사람에게 전해지는 과정에서 감정이나 의견이 덧붙여져 쉽게 왜곡된다.

그러므로 칭찬과 비난 모두에 귀를 기울여야 한다. 그 정보를 누가 가져다주는가를 미리 알아두는 것도 중요하다. 진위 판단은 신중히 하라. 정보의 출처에 항상 주의하라.

'처음'을 의심하라

사람들은 '처음'이라는 말에 쉽게 속는 경향이 있다. 뒤에 들은 말은 미심쩍어하지만 실은 이것이 진실에 더 가까울 수 있다.

진실을 밀어내고 제멋대로 날뛰는 허튼소리에 주의하라. 이런 허언에 경계를 늦추면 무의식중에 험담에 홀려 악의적인 함정에 빠질 수 있다.

그러므로 제2, 제3의 인상을 받아들일 여지를 남겨두어라. 이는 판단력이 부족하거나, 감정에 쉽게 휩쓸리지 않도록 하기 위함이다.

너 자신을 알라

자신의 기질, 능력, 판단력, 감정을 정확하게 알라. 자신을 아는 것이 자기 계발의 첫걸음이다.

외모는 거울로 비춰볼 수 있지만, 마음까지 보여주지는 않는다. 그러므로 내면 깊이 들어가 생각을 집중하도록 노력해야 한다.

거울에 비치는 외모는 잊어버려도 되지만, 결점을 고치고 단점을 개선하기 위해서는 내면을 항상 파악하고 있어야 한다. 매일 자신의 상태와 역량을 자문하면서 현재의 역량을 시시때때로 체크하라.

마음을 항상 안정시켜라

기분은 언제든 변한다는 것을 잊지 마라. 때문에 중립적이고 안정된 감정을 유지하도록 항상 노력하고 일시적인 변덕이나 충동에 일일이 반응하지 마라.

자신을 아는 것이 수양의 첫걸음이다. 감정의 기복에 휘둘리지 마라. 변덕은 사람의 탈을 쓴 우울증의 화신이다. 자신의 의지만이 아니라 주변 사람들의 의지까지 꺾어버린다.

영리함보다 양심이 우선

올바른 양심이 넘치는 영리함보다 더 중요하다. 이는 상인이나 공직에 있
는 사람이나 전혀 다를 바 없다.

　양식이 있다고 해서 칭송을 받지는 않겠지만, 현인들은 이를 알아준다.
그들의 의견은 성공으로 향하는 진정한 이정표가 된다.

119

사리분별을 잃지 마라

사리분별은 이성의 중심이며 신중함의 근거다. 이를 잘 사용하면 성공을 훨씬 앞당길 수 있다. 신에게서 받은 큰 재능이라 생각하여 높이 두고 따르도록 하라.

갑옷과 투구가 하나이듯 사리분별은 사람으로서 꼭 갖추어야 할 소양이다. 이것이 결핍된 자는 인간으로서 미완성이다.

모든 것은 사리분별에 달려 있다. 이는 우리를 가장 올바른 길로 인도해 준다.

신중히 검토한 뒤에 움직여라

어떤 일을 결정할 때는 두 번 세 번 점검하라. 특히 판단에 불만이 있을 때는 반드시 되새겨보는 것이 필요하다. 그러는 사이 판단의 시비를 가려줄 새로운 정보를 얻기도 한다.

남의 부탁을 받았을 때도 숙고한 뒤 판단을 내리는 편이 무턱대고 승낙하는 것보다 후에 한층 더 감사를 받는다. 어쩔 수 없이 부탁을 거절해야 하는 상황이라도 시간을 갖는 것이 상대의 마음을 다치게 하지 않는다.

설령 긴급히 판단을 내려야 하는 상황이라도 그 안에서 최대한 시간을 가진 뒤 결론을 내려라. 다각도로 살펴보는 동안 문제점이나 미진한 점을 발견하게 된다.

장점을 발견하라

최악의 상황에서도 긍정적인 면은 있다. 올바른 판단력으로 좋은 점을 찾아내는 연습을 하라. 꿀벌은 달콤한 꿀을 향해 날아가고, 독사는 쓴 독에 끌린다. 사람도 마찬가지다. 좋은 점에 눈을 돌리는 사람이 있는가 하면 나쁜 점에만 눈길을 주는 사람도 있다.

장점이 많이 있는데도 굳이 사소한 결점을 찾아내는 천재가 있어 시빗거리를 만든다. 이런 사람은 결국 불행한 선택에 따른 대가를 치르게 된다.

행운아는 어떤 상황에서도 항상 좋은 점을 찾아낸다.

불운 속에서도 반짝반짝 빛나는 행운을 찾아내도록 노력하라. 우연히 그곳에 있는 것이라도 행운은 붙잡는 자의 몫이다. 올바른 판단과 선택을 하면 반드시 보상이 따른다.

겉모습에 속지 마라

첫인상은 결코 끝까지 가지 않는다. 내면은 곧 드러나게 마련이다. 아무리 첫인상이 좋다 한들 내면이 아름답지 못하면 환멸을 느끼게 된다. 겉모습에 집착하는 이들 주변엔 역시 겉모습만 번지르르한 사람이나 철없는 이들만 모여든다. 그러나 진실은 시간이 오래 걸리더라도 반드시 찾아온다.

우리는 두 눈을 가지고 있다. 진실을 밝히고 확인하기 위해 반드시 뜨고 있어야 한다.

호언장담에 속지 마라

친구나 지인을 판단할 때 입으로만 떠드는 사람인지, 행동이 따르는 사람인지를 잘 가려라. 품위 없는 말도 좋지 않지만, 입으로는 교양을 떠들면서 행동은 부도덕한 것이 더욱 나쁘다. 말한 것은 반드시 실천해야 하며 그렇지 않으면 전혀 의미가 없다. 흘러가는 말에 속아 넘어가서는 안 된다.

호언장담으로 뻐기는 사람은 결실을 맺지 못하는 속 빈 나무와 같다.

124

분별심을 가져라

사람은 정신적인 깊이로 평가받는다. 금을 무게로 재는 것과 같다. 분별심이 재능을 금과 같이 빛나게 하며 능력을 돋보이게 만든다.

정신을 바르게 유지하기 위해서는 평정심을 가져야 한다. 이들은 말을 할 때도 권위가 있다. 그리고 결정을 한 뒤엔 확신을 가지고 행동한다.

성숙한 인간이 된다는 것은 이러한 경지에 도달했음을 의미한다.

자신의 어리석음을 알라

세상은 어리석은 인간들로 가득하다. 현인이라 해도 천국의 성자에는 미치지 못한다.

어리석음의 정점은 자신의 어리석음을 전혀 알지 못하고 다른 사람을 어리석다고 말하는 인간이다. 우리가 어떤 이를 현인이라 부르는 것은 그가 현명할 뿐만 아니라, 자신의 무지를 알고 있기 때문이다. 그런데 세상은 그야말로 아이러니가 아닌가. 어리석은 사람이 가득한 곳에서 한껏 잔머리를 굴리고, 자신이 우둔한 인간은 아닌지 전혀 의심하지 않는 것을 보면 말이다.

126

절제하고 또 절제하라

흥분에 빠진 나머지 앞뒤를 가리지 못하고 위험한 상태에 빠지는 이가 있다. 한순간 이성을 잃고 후회의 나날을 보낼 수 있다. 감정으로 범한 실수를 바로잡느라 평생을 고생하는 사람도 있다.

적은 이 같은 약점을 알고 부추긴 뒤 이성을 잃게 만든다. 이런 사태에 빠지지 않도록 하는 가장 좋은 방어책은 자기절제다. 이와 더불어 가볍게 내뱉은 말 한마디가 상대에겐 큰 상처를 내는 돌이 될 수 있다는 것을 잊지 마라.

감정을 조절하라

갑자기 감정을 폭발시키는 것은 결코 좋은 습관이 아니다. 분노가 솟구칠 때는 한 호흡 쉬고 냉정히 감정을 되돌아보라. 처음엔 어렵더라도 이는 노력하기 나름이다.

　격한 감정을 조절하려면 우선 자신이 그런 감정을 가지고 있음을 자각해야 한다. 어느 정도까지는 발산시킬 수 있지만 그 한도를 반드시 두어야 한다. 다들 이성을 잃을 때 침착성을 유지하는 이는 한층 돋보인다. 분노를 표출할 때마다 이성의 가치도 한 단계씩 떨어진다는 것을 잊지 마라. 항상 자제심을 유지하라.

경박한 언동을 삼가라

경박한 언동을 삼가고, 높은 양식(良識)을 가지고 있음을 몸소 보여라. 물론 평소 건전한 태도를 유지하는 사람도 그리 쉽지 않지 않은 일이다.

누구나 쉽게 빠지면서 좀처럼 헤어나지 못하는 어리석은 행동이 있다. 좋든 싫든 운명에 대해 불평을 늘어놓는 것이 그중 하나다. 또한 많은 것을 가진 자를 질투하는 것도 어리석다. 과거만 무조건 떠받들고 새로운 것은 이유 없이 폄하하는 것, 여기저기에 지나친 호기심을 보이는 것, 혹은 투덜대는 것도 모두 경박할 따름이다.

극단을 피하라

좋은 것이든 나쁜 것이든 극단은 피하는 것이 좋다. 참된 것도 과하면 거짓이 된다. 옛말에 과유불급이라 했으니 전혀 틀린 말이 아니다. 기쁨도 지나치면 기운을 잃게 된다.

양동이에 피가 섞일 정도까지 소의 젖을 짜내서는 안 된다는 것을 잊지 마라.

상인 기질을 익혀라

항상 부르는 값을 받아들이지 말고 적극적으로 나서서 흥정하라. 시장에서는 속지 않기 위한 처세의 능력이 지성보다 더 유용하다.

비범한 재주를 가진 사람도 극히 일상적인 것에 허를 찔리는 일이 허다하다. 고상한 것만 생각하느라 막상 일상생활에 필요한 지식을 배우지 못한 탓이다. 배움이 많은 학자도 교섭을 제대로 하지 못하면 상인 세계에서 바보 취급을 당할 뿐이다.

속임을 당하거나 조롱을 당하지 않을 정도의 상인 기질은 반드시 익혀두어야 한다. 인생의 궁극적인 목표가 거래하는 것과 멀더라도 이는 일상생활을 하는 데 중요한 기술이다. 지식을 쌓는 것도 중요하지만, 이를 잘 활용하는 것도 그 못지않게 중요하다.

'최신'에 무조건 넘어가지 마라

남의 말에 팔랑대며 금세 넘어가는 사람이 있다. 이들은 이전에 보였던 의견을 간단히 뒤집고 최신 뉴스에 온통 빠져버린다. 말은 오락가락, 사고는 극단을 달린다. 마치 매일 다른 사람의 말을 양처럼 따르는 양상이다.

이런 습성으로는 아무것도 얻지 못한다. 새로운 정보는 그때그때 모양이나 색깔을 달리한다. 끊임없이 변화하는 상황에 휩쓸려 동요되어서는 안 된다. 마음이 쉽게 변하지 않도록 하라.

132

인간답게 행동하고, 신처럼 꿰뚫어라

이것이 신의 법칙이고, 자명한 이치다.

133

이기주의도 이타주의도 모두 옳지 않다

모든 것을 혼자 독점하려는 사람은 욕심을 멈추려 하지 않으며 희생은 물론 자신의 이익을 손톱만큼도 나눠주지 않는다. 이런 사람은 누구에게든 고마움을 느끼지 못한다. 그러나 인생은 때로 타인에게 의지할 필요도 있으며, 그리되면 상대도 나에게 의지해온다. 특히 공직에 있는 사람은 타인에게 봉사하는 마음을 갖지 않으면 안 된다.

그러나 한편 상대에게 모든 것을 양보하는 사람도 불운한 처지에 빠진다. 자신의 생각이 없기 때문에 비정한 세상의 풍파에 쉽게 휩쓸리는 것이다.

마지막에 의지할 수 있는 사람은 누구도 아닌 자기 자신임을 잊지 말아야 한다.

슬픔은 강물에 흘려보내라

기억을 떨쳐버리는 것은 요령보다 운에 가까운 문제이지만, 누구든 일단 익혀두면 좋은 기술임에 틀림없다.

기억에 남아 있는 것을 잊는 것은 쉽지 않다. 그러므로 의식적으로 기억을 훈련시켜야 한다. 즐겁고 마음이 편안해지는 기억만을 남기고, 기쁨의 순간을 의식 속에 새겨두어라.

기억을 어떻게 배치하는가에 따라 이 세상은 천국이 되기도 하고 지옥이 되기도 한다. 때로는 망각이 상처를 치유하는 가장 좋은 방법이다.

세상이 인정하는 것을 홀로 반대하지 마라

설령 내가 그 가치를 몰라도 세상에서 환영받고 많은 이들이 찾는 것에는 그만한 이유가 있다. 홀로 의견을 달리하다 잘못이 증명되면 손가락질을 당하거나, 자칫 바보가 될 수 있다. 사람들이 모두 칭찬하는 것을 홀로 비판하면 판단력이나 취향을 의심받는다.

그러므로 사람들이 선택한 것의 장점에 동의하지 않더라도 굳이 나서서 비판하지 마라. 잘못된 선택은 무지의 산물이다. 모두가 인정하는 것에는 그 나름의 가치가 있거나 혹은 그러길 바라는 소망이 담겨 있는 것이라 생각하라.

지성을 키워나가라

신이 인간에게 준 최고의 선물, 그것은 창의적인 두뇌, 깊은 이해력, 그리고 예리한 통찰력이다. 풍부한 상상력도 큰 자산이지만 올바르게 사고하는 힘이 훨씬 더 중요하다.

사람은 20대엔 성적 욕망에, 30대엔 이익에, 40대엔 명분에 움직인다. 그러나 그런 속에서도 어둠을 밝히는 지성이 있으면 미래를 예측할 수 있다. 그로 인해 항상 올바른 선택을 할 수 있으며, 이는 좋은 결과로 인도한다. 올바른 것을 분별하는 것은 인생의 참된 즐거움이다.

행운을 받아들여라

현인은 많은 행운을 누릴 수 있는 큰 도량을 지니고 있다. 성공은 목말라 하는 이에게 연이어 찾아드는 법. 그리하여 도량은 한층 더 커진다.

그러나 많은 사람들은 도량이 작아 인생의 큰 뜻을 이루지 못한다. 성공을 작은 그릇에 무작정 담으면 소화불량에 걸리고 만다. 이들은 익숙하지 않기 때문에 성공을 곧바로 뱉어버리고 결국 그 행운은 역량을 가진 다른 사람의 손에 넘어간다.

이미 성공을 거둔 사람이라도 더 큰 행운을 향유할 수 있도록 노력하라. 혹 그렇지 못하더라도 이를 내색해서는 안 된다.

5장

자기 자신에 관하여
about humanity

"왕이 될 수는 없지만 왕처럼 행동할 수는 있다."

138

용기가 없으면 성공도 없다

육체의 핵심은 근력이고 마음의 핵심은 용기다. 용기는 마음을 보호하고, 영혼이 상처받지 않도록 막아준다. 아무리 지력이 뛰어나도 용기가 없으면 원하는 바를 달성하지 못하고 일생을 마치게 된다.

지식과 용기, 어느 것도 양보하지 마라. 한쪽이 부족하면 뻔한 결과만 남는다. 어떤 어려움에도 맞설 용기를 가지고 확고한 태도를 견지하라. 기세가 꺾여서는 안 된다. 용기는 빼어난 용모보다 인생에 더 큰 힘이 된다.

낙천적인 사람이 되어라

도를 넘지 않으면 쾌활한 성격은 강점이 된다. 이는 결코 흠이 아니다. 작은 유머가 절묘하게 분위기를 바꿔주는 것을 우리는 잘 알고 있다. 교양 있는 사람은 적절한 유머를 구사하여 많은 이들로부터 호감을 얻는다.

다만 꼴사나운 흉내 내기나 무례를 범해선 안 된다. 분위기가 심각해지지 않도록 하라. 언제 유머를 구사하여 분위기를 바꿔야 하는지를 판단하라. 밝은 사람은 모든 이들의 사랑을 받는다.

대화의 기술을 배워라

대화는 일상생활에 필수적인 만큼 기술이 필요하다. 특히 사람들은 대화를 통해 상대를 평가하므로 어투 하나하나에 주의해야 한다. 편지를 쓰고 다시 한 번 검토하듯 말도 항상 되새겨보라.

옛사람들은 "말하는 것을 보면 그 사람을 알 수 있다"라고 했다. 친구들끼리야 편한 옷차림을 하듯 꼭 형식을 갖추어 말할 필요는 없다. 그러나 예의가 필요한 자리에서는 나름의 규칙과 형식을 갖춰야 한다. 함께 자리한 사람들의 일반적인 대화법을 따르는 것이 좋다. 잘못된 어투를 사용하여 그 내용까지 의심받지 않도록 하라.

남의 의견을 마치 자기 것인 양 포장하지 마라. 말을 할 때는 말재주보다 신중함이 우선이다.

긍정적인 마음이 들 땐 그에 따르라

우리의 영혼은 크고 작은 위험을 분별할 수 있는 놀라운 능력이 있다. 그러므로 영혼의 충동을 믿어라.

  지나치게 시간을 끌면서 생각이 많아지면 일이 복잡해질 뿐 제대로 풀리지 않는다. 때로는 신중함보다 행동력이 성공을 보장한다. 냉철한 이성을 바탕으로 재빨리 행동하라.

142

외양을 경시하지 마라

대부분의 사람들은 사물을 실속이 아니라 모양으로 판단한다. 외양에 좌우되지 않고 판단을 내릴 줄 아는 이는 매우 적고, 대개 겉모양에 쉽게 만족해버린다. 그러므로 나의 행동이 올바르더라도 외양에 문제가 있다면 그것은 아직 충분하지 않은 것이다.

143

자신의 가치를 세상에 알려라

진가가 드러나도록 항상 노력하라. 사람의 가치는 눈에 띄면 배가되지만, 묻히면 없는 것과 같다. 당연히 칭찬을 받을 만한 행위라도 알려지지 않으면 그 누구도 경의를 표하지 않는다.

사람들은 드러난 것으로 판단한다. 설령 그것이 진실과 동떨어진 것일지라도 말이다. 과하지 않은 포장은 내면의 아름다움을 알리는 가장 좋은 방법이다.

144

외모 가꾸기를 게을리 하지 마라

외모는 사람들의 호감을 사는 열쇠가 될 수 있다. 이를 잘 이용하라. 누군가 봐주지 않으면 가치를 십분 발휘할 수 없다.

생김새는 타고나는 부분이 많지만 일종의 기술처럼 얼마든지 갈고닦을 수 있다. 좋은 땅에 거름을 주면 더욱 비옥해지는 것과 같은 이치다. 그러므로 외모 가꾸기를 게을리 하지 마라. 대중의 눈을 사로잡아 내 편으로 만들어라.

선행을 베풀어라

인기가 있는 것은 좋은 일이나 더 중요한 것은 많은 이들의 존경을 받는 일이다. 그러기 위해서는 타고난 운이나 행운도 필요하지만, 대부분은 노력으로 이루어진다. 즉 선천적인 능력을 가지고 태어났어도 이를 끌어내는 노력은 각자의 몫인 것이다.

뛰어난 능력과 재능이 있어도 누군가를 위해 발휘하지 않으면 아무런 의미가 없다. 타인을 위해 행동하라. 이는 반드시 자신에게 돌아온다.

먼저 사랑을 주어야 자신도 사랑을 받을 수 있다.

신념을 관철하라

정의에 기초하여 확고한 신념을 지닌 사람은 격한 반대에도, 쇳소리를 내며 달려드는 대중에게도 절대 굴복하지 않는다. 자신의 논리를 똑바로 세우고 있기 때문이다.

그러나 진정으로 정의에 몸과 마음을 바치는 사람은 드물고, 그런 행세를 하는 사람은 많다. 정치인은 정의를 부르짖으면서 뒤에서는 이를 배반한다.

반드시 정의에 기초하여 덕목을 지켜라. 진정으로 정의로운 사람은 시류에 따라 성실함이 달라지지 않을뿐더러 배신도 하지 않는다. 이들은 진실이 있는 곳이면 어디든지 달려간다.

147

미움을 억제하라

남을 괴롭히고 이를 통쾌하게 여겨서는 안 된다. 대개는 원인을 잘 알아 보지도 않고 경솔하게 판단을 내린 탓이다. 이는 인간이기 때문에 벌어지는 일이나, 이성으로 억제하려 노력할 만한 가치가 있다. 증오는 나의 진가를 떨어뜨릴 뿐이다. 특히 그 대상이 나보다 뛰어난 사람이라면 더욱 그러하다.

기억하라. 위대한 사람에게 공감하면 스스로 더욱 성장하지만, 증오는 스스로의 가치를 떨어뜨릴 뿐이다.

내용을 채워라

내면에는 외면보다 훨씬 더 많은 것을 담을 수 있다. 요컨대 중요한 것은 그 사람의 인격이다.

외모만 가꾸는 사람은 자금 부족으로 완성되지 못하고 버려진 집과 같다. 현관은 훌륭하지만 막상 안에 들어가 보면 아무것도 없이 텅텅 비어 있다. 이런 사람과는 인사가 끝나고 나면 할 말이 궁하다. 같은 부류라면 쉽게 속을 수 있지만 조금이라도 통찰력을 가진 사람이라면 이들의 허세를 금세 가려낸다.

스스로를 존중하라

스스로에게 충실하라. 자신의 가치와 당당함을 잃지 마라. 자신에게 부과하는 규범은 세상 일반의 그것보다 훨씬 더 엄격해야 한다.

　세상이 아니라 스스로를 두려워하는 마음이 가장 좋은 제동 장치가 되는 법. 스스로에게 엄격하면 누구의 눈에도 거슬리지 않는다.

때를 기다려라

때를 기다릴 줄 알아야 한다. 인내심이 있으면 급히 서두르거나 흥분하지 않는다.

다른 사람을 통제하려면 가장 먼저 자기 자신을 다스릴 줄 알아야 한다. 어떤 문제든 하나하나 극복하여 그 핵심에 도달하려면 시간이 필요하다. 참고 기다릴 수 있으면 서두르는 것보다 더 많은 것을 얻을 수 있음을 알라. 시간을 참아내면 무리하게 하는 것보다 더 큰 진전이 있다.

하물며 신도 우리를 기다려주지 않는가! 시간을 내 것으로 만들면 어떤 장애에도 자신 있게 대항할 수 있다. 행운의 여신은 기다리는 사람을 찾아간다.

나만의 멘토를 만들어라

닮고 싶은 인물이 있으면 목표를 세우는 데 도움이 된다. 그를 통한 깨달음은 목표나 이상을 설정하는 데 훌륭한 지침이 된다. 멘토를 인생 최고의 모델로 삼아라.

알렉산드로스 대왕이 아킬레우스의 죽음을 알고 깊은 탄식을 한 것은 죽은 이를 위함이 아니다. 아직 목표를 이루지 못한 자신을 위한 것이었다. 다른 이의 명성을 시기하지 마라. 그와 똑같이 정점에 도달하기 위해 스스로를 고취시키는 자극제로 삼아라.

왕과 같이 행동하라

왕이 될 수는 없지만 왕처럼 행동할 수는 있다. 자신이 타고난 능력의 범위 안에서 누구든 고귀함을 누릴 수도 있다. 탁월한 사고와 고결한 언동이 몸에 밴 사람은 왕도 범접할 수 없는 진정한 통치권을 누린다.

적당히 못 본 척하라

많은 사람들의 흠모를 받는 이는 하찮은 문제에 얽매이지 않는다. 세상 모든 일에 다 참견할 필요는 없다. 유연한 태도를 가져라.

중요하지 않은 문제는 그냥 내버려두면 된다. 대개는 아무도 이를 눈치채지 못하며 심지어 적들도 그냥 넘겨버린다. 현인은 많은 것을 보고도 보지 못한 듯 행동한다.

세세한 것을 두고 시끄럽게 문제 삼지 마라. 그래봤자 기운만 빠질 뿐이다. 같은 문제를 두고두고 꺼내서 사람들을 질리게 하는 이는 가장 어리석은 바보다.

큰 기대를 갖게 하지 마라

다른 사람들이 큰 기대를 갖게 하지 마라. 완벽을 지향하는 것은 좋지만, 실제로 이를 달성하는 것은 지난한 일이다. 사람들의 상상은 현실을 한층 뛰어넘는다. 아무리 훌륭한 사람이라도 기대한 바를 모두 이뤄낼 수는 없다. 기대가 어긋나면 사람들은 속았다고 생각한다. 칭찬이 바로 비난으로 바뀌는 것은 이 때문이다. 기대를 배신한 사람은 진실에서 저 멀리 내동댕이쳐진다.

머리를 써서 결과가 항상 기대 이상이 되도록 만들어라. 기대가 결과보다 높아서는 안 된다. 현실적으로 가능한 범위 내에서 기대를 갖게 하라. 그런 후 기대 이상의 성과를 내면 그보다 좋은 일은 없다.

현재의 자신에 안주하지 마라

스스로에게 불만을 느끼며 인생을 보내는 것은 어리석지만, 자만하는 것은 더욱 어리석다. 자기 자신에 대해 만족한다고 말하는 이가 있다면 그는 분명 세상을 모르는 바보다.

보잘것없는 현재의 모습에 안주해서는 안 된다. 그런 사람은 필시 다른 이의 능력에 의지해 살아갈 것이다. 차라리 지금 자신의 상황에 약간의 불만을 갖는 것이 낫다.

안 좋은 일을 미리 예측하라. 이로써 만약의 사태를 피할 수 있고 적어도 다른 이에게 약점 잡히는 일은 없다.

거드름을 피우지 마라

뛰어난 사람일수록 거드름을 피울 필요가 없다. 젠체하는 것은 저속한 행동이며, 또한 다른 이에 대한 결례다. 큰소리치는 사람은 남들에게는 물론이고 본인에게도 고통일 뿐이다.

거드름을 피우려면 다른 사람이 이를 믿도록 만들기 위해 필요 이상으로 무리해야 하기 때문이다.

관대해져라

품격이 있는 사람은 경쟁자에 대해서도 호의적으로 말하며, 관대하게 아량을 베풀 줄 안다.

승리를 과시하는 것이 아니라 겸손하게 덮어둘 때 그의 존재는 찬란하게 빛난다. 설령 상대에게 복수할 기회가 오더라도 관대함과 아량을 잃지 마라.

안정적인 생활을 위한 두 배 법칙

인생을 살면서 필요한 것을 두 배로 준비하라. 이로써 안정감을 얻을 수 있다. 단 하나 있는 것에 의존하지 않으려면, 그리고 인생에서 성공하려면 두 배가 필요하다.

　이는 인간의 덕성에도 적용된다. 명성, 선의, 기쁨 모두 두 배로 준비하라. 이를 예비로 남겨두면 틀림없이 안정된 삶을 누릴 수 있다.

결점을 없애려 노력하라

아무리 완벽한 사람이라도 한두 가지 단점을 가지고 있다. 스스로 극복하기 힘든 것도 있지만, 얼마든지 조절할 수 있는 사소한 것도 있다.

　자신의 결점을 잘 알고 있는가? 결점은 친구가 꼬집어 말하지 않을 정도로만 가지고 있어야 한다. 무엇보다 결점은 고치는 것이 최선이다. 결점은 다른 사람의 눈에 쉽게 띄며, 장점마저 가려버린다.

나쁜 성격은 한시바삐 고쳐라

허풍쟁이, 멍청이, 고집불통, 변덕쟁이 등은 누구나 피하고 싶은 기질이다. 그 외에도 심술쟁이, 가식 덩어리, 거짓말쟁이, 잘 속는 사람도 문제가 있기는 마찬가지다. 이런 기질을 내면에 쌓아두면 성격이 비뚤어지는 것은 두말할 나위 없다.

그러나 이 세상에 이를 바로잡아주는 사람은 단 한 명도 없다. 오로지 스스로 억제하고 자신의 목소리에 귀를 기울여야 한다. 자신의 지리멸렬함을 다른 사람들이 호의적으로 봐줄 거라고 착각해서는 안 된다.

마음의 소리에 귀를 기울여라

직관이 옳다고 판단되면 이에 따르라. 직면하는 어떤 문제든 직관은 해답을 준비하고 있다. 직관은 우리를 관장하는 신의 계시이며, 때로는 앞으로 다가올 중요한 사건을 예언해주기도 한다.

자신의 직관을 믿지 못해 파멸한 사람이 있는가 하면, 이를 잘 따라 위험을 피하고 자신을 보호한 이도 있다.

승리의 직관 없이 적과 싸우는 장군이 있을까?

속마음을 다 내보이지 마라

가슴속에 은신처를 마련해두어라. 그렇지 않으면 다른 사람들에게 속마음을 다 들키고 만다. 누구나 마음 깊은 곳에 비밀을 간직해둘 수 있는 동굴이 있다.

그리하여 언행을 삼가고 자제하라. 입 밖으로 흘려버린 것들은 반드시 보상을 해야 한다. 마음속 깊숙한 곳에 살짝 감춰둠으로써 영혼은 안식할 수 있다. 비난을 받거나 표적의 대상이 되더라도 비밀 상자를 절대 열지 마라. 그런 상대는 미리 주의하여 더욱 단단히 마음의 열쇠를 채워라.

163

입 밖에 낸 것은 반드시 실천하라

뛰어난 사람은 언행이 모두 훌륭하다. 뛰어난 언변은 그 사람의 두뇌가 훌륭하다는 증거이고, 존경받을 만한 행동은 그 사람의 마음이 올바르다는 증거다. 이 두 가지를 갖추고 있을 때 비로소 존경받는 지도자가 될 수 있다.

말을 하는 것은 쉽지만, 실행하는 것은 어렵다. 목표를 달성하는 것이야말로 인생의 본질이고, 칭찬은 장식에 불과하다. 행동의 결과는 남지만, 말은 공중에 흩어져버린다. 행동은 그 사람의 사고가 결실을 맺은 것이니, 현인이 존경받는 것은 그의 행동에 대한 결과다.

164

일관성 있게 행동하라

돌출적인 행동으로 기이하게 보이지 마라. 예상치 못한 언동이나 과장 섞인 태도도 금물이다. 분별 있는 사람은 한결같은 태도를 유지하며, 변화가 필요할 땐 사전에 깊이 생각한 뒤에 행동으로 옮긴다.

매일 태도가 변하는 사람은 의견도 일관성이 없다. 어제는 검정이었지만, 오늘은 하양, 어제는 반대, 오늘은 찬성이라면 주변 사람이 모두 달아나버린다. 그 사람의 운도 시시각각 바람처럼 바뀌기 때문이다.

한 입으로 두말하지 마라.

기이한 짓은 삼가라

우스꽝스러운 태도나 버릇없는 행동을 마치 개성인 양 착각하는 사람이 있다. 도가 지나친 행동은 그 사람의 품격을 떨어뜨릴 뿐 아니라 손가락질을 받게 한다.

　반면 지나치게 지루하고 답답한 태도로 일관하는 사람도 있다. 이 역시 도움이 되지 않는다. 특이한 성격이라는 말 뒤에서 사람들은 비웃음을 짓거나 한숨을 쉰다.

격정에 휩쓸려 행동하지 마라

격한 마음에 행동하면 모든 것을 그르치게 된다. 감정이 격해지면 이성을 잃게 되므로 평상심이 사라지고 결국 자신을 지키지 못한다.

격한 감정을 통제하기 어렵다면 옆에 있는 사람에게 중재를 부탁하라. 문제에서 멀리 떨어져 있는 이가 진흙탕 속에 있는 이보다 더 객관적일 수 있다. 흥분이 도를 넘어섰다 싶으면 이성을 일깨워 일단 뒤로 물러나라. 후회할 만한 언행이 튀어나와 나중에 부끄러워하는 일이 없도록 하라.

167

천성적인 성격도 바꿀 수 있다

유능한 리더가 될 만한 자질이 충분한데도 한 가지 치명적인 결점 때문에 낭패를 보는 사람이 수없이 많다. 사회적 생명을 단축하는 결점을 고치기만 하면 훨씬 더 큰 인물이 될 수 있다.

　예컨대 최선을 다하지 않는 사람도 있고, 무뚝뚝한 사람도 있다. 이 같은 결점은 사람들의 눈에 드러나게 마련이다. 특히 높은 자리에 있을 때는 더욱 두드러진다. 천성적인 성격도 노력 여하에 따라 얼마든지 고칠 수 있다는 것을 명심하라.

눈에 띄지 마라

일단 눈 밖에 나면 그동안 장점이었던 것이 결점으로 보이게 된다. 기이한 사람으로 소문이 나면 장점까지 모두 의심받을 수 있다. 기이한 사람은 대개 제멋대로라는 것을 알기 때문이다.

아름다움도 다른 사람의 빛까지 가릴 정도가 되면 오히려 반감을 산다. 하물며 나쁜 일로 눈길을 끈다면 두말할 나위 없을 터. 그로 인한 악평은 불명예일 뿐이다.

그러므로 설령 자신의 견해가 올바르다 하더라도 너무 강하게 주장하지 않는 것이 좋다. 사람들은 당신에게 점차 싫증을 내고 당신에 대한 평가도 떨어지게 된다.

169

나서지 마라

주제넘게 나서지 않으면 무시당하는 일은 없다. 다른 사람을 존중하듯 자기 자신도 귀하게 대접하라. 환영받지 못하는 자리에 나서지 말고, 초대받지 않은 곳에 모습을 보이지 마라. 쫓기듯 나오는 일은 없어야 한다. 너무 강하게 밀고 나가면 그 힘으로 인해 밀려나는 수가 있다.

170

임기응변에 능통하라

자신의 뜻을 잘 파악하여 그 지침에 따라 행동하라. 또한 납득할 수 있는 조건을 너무 엄격하게 두지 마라. 오늘 요구한 신 과일을 내일 당장 먹게 될 수 있다.

누구나 원하는 대로 환경을 바꿀 수는 없다. 그러나 환경에 맞춰 자신을 바꿀 수는 있다. 현인은 상황에 맞춰 대응하는 방법을 바꾸는 것이 신중한 행동임을 알고 있다.

항상 누가 보고 있는 듯 행동하라

항상 누군가 듣고 보고 있음을 기억하라. 혼자 있을 때도 세상이 보고 있는 듯 삼가 행동하라. 벽에도 귀가 있다. 나쁜 일은 더욱 커져서 언젠가는 사람들이 다 알아보게 된다.

항상 갈고닦아라

시간이 지나면 빛나는 칼도 그 광채를 잃어버린다. 익숙해지면 감각이 둔해지고, 사람들의 칭송도 사라진다.

정신력, 지성, 운 모든 면에서 때때로 자신을 새롭게 하라. 새로운 분야에 눈을 돌려보는 것도 좋다. 이를 통해 하던 일도 다시 돌아볼 수 있고 멀리 보는 시야를 가질 수 있다. 안주하지 말고 항상 새롭게 시작하라.

6장

재능에 관하여
about abilities

"나라는 작품을 완성해보지 않겠는가?"

완벽을 지향하라

하루하루 인격을 닦고 업무 효율을 향상시키며, 재능과 능력을 충분히 활용할 수 있도록 노력하라. 이것이 달성되었을 때 사고는 명확해지고, 판단력은 냉철해지며, 자제심은 강해진다.

무언가 부족하여 매번 완벽에 도달하지 못하는 사람도 있지만, 대기만성형도 있다. 최선을 다하는 노력을 통해 다른 동료들과의 협력 관계도 한층 굳건해질 수 있다.

이제 '나'라는 작품을 완성해보지 않겠는가?

자신의 소중한 재산을 알라

내가 가지고 있는 탁월한 재능은 무엇보다 큰 자산이다. 제대로 파악하고 이를 최대한 발휘하라. 자신의 강점을 알고 개발하여 이를 십분 활용하는 것이다.

　그러나 이를 게을리 하는 사람이 많은 것은 매우 유감이다. 그들은 잠재 능력을 활용함으로써 인생에 얼마나 많은 것을 달성할 수 있는지 모른 채 생을 마감한다.

결점을 장점으로 바꿔라

누구나 정신적으로나 육체적으로 완벽하길 원한다. 하지만 많은 사람들이 자신의 결점 때문에 고민을 한다. 상당수는 간단히 고칠 수 있는 것임에도 필요 이상으로 힘들어하는 것이다.

한 점의 구름에도 찬란한 태양빛이 가려지듯 재능이 있는 사람도 사소한 오점으로 인해 빛을 보지 못하는 경우가 있다. 악평은 순식간에 퍼지고 당사자는 오래도록 그 오명에서 벗어나지 못한다.

그러므로 결점을 장점으로 바꾸는 기술이 중요하다. 율리우스 카이사르를 보라. 스스로 대머리에 월계관을 씀으로써 평범한 외모를 멋지게 바꾸지 않았는가.

다재다능함을 즐겨라

여러 가지 면을 가지고 있는 사람은 그만큼 매력이 풍부하다. 인생도 훨씬 즐겁다. 다양한 재능을 동료들과 함께 나누면 더 많은 열매를 함께 맛볼 수 있다.

지성을 단련하고, 감각을 키워라. 인생이 한층 아름다워진다. 이 세상에 도움이 될 수 있는 모든 자산을 충분히 나누어라.

역할 이상의 것을 해내라

맡은 일을 하는 데 필요한 역량보다 더 많은 역량을 발휘할 수 있도록 노력하라. 아무리 높은 지위에 있다 하더라도 이를 뛰어넘으려는 열의가 있어야 한다.

이를 달성한 사람은 발전을 거듭하며 진가를 높여간다. 한편 그릇이 작은 사람은 금세 능력의 한계를 드러내고 결국엔 과거에 쌓은 업적도 슬그머니 사라져버린다.

훌륭한 도구를 이용하라

일이 끝난 뒤에 연장을 탓해봤자 웃음거리밖에 되지 않는다. 도구를 불평하는 사람은 서툰 기술자에 불과하다. 괜한 고집은 변변치 않은 결과를 초래할 뿐이다.

최고의 도구를 사용하라. 그렇다고 자신의 기량이 가려지는 것은 아니다. 오히려 정반대다. 부하나 아랫사람에 대해서도 마찬가지다. 일에 관한 비난이든 신뢰든 모든 책임은 나에게 돌아온다. 특히 옆에서 보좌하는 사람은 신중하게 고르라.

한 분야에서 최고가 되어라

눈에 띄지 않는 성과를 다방면에서 내봤자 아무도 알아주지 않는다. 한 가지라도 뭔가 특별한 재능을 뚜렷하게 보일 때 비로소 주목을 받을 수 있다.

한 분야, 즉 자신이 가는 길에서 최고로 내세울 수 있는 것을 찾아 확실하게 갈고닦아라. 다만 작은 물에서 재능을 보이면 아무도 알아주지 않는다. 큰물에서 두각을 보이도록 최선을 다하라.

현재 몸담고 있는 곳에서 최고가 되어라

다른 사람보다 먼저 움직여라. 이로써 같은 수준의 경쟁자보다 유리하게 나아갈 수 있다.

지금 몸담고 있는 곳에서 최고가 되어 눈에 띄도록 하라. 최고 외에는 하위그룹으로 취급되는 것이 세상 이치다. 이류 중에 최고가 되는 것이 일류 속에 이류가 되는 것보다 낫다. 경쟁을 통해 정상에 오르면 그곳에서 또 다른 강력한 상대를 만날 수 있다.

승리한 자만이 더 높은 곳에서 다른 세계를 경험할 수 있다.

여기저기 불려 다니지 마라

재주가 많아 여기저기 불려 다니는 사람이 되지 마라. 편리하게 이용당하고 결국에는 버려질 뿐이다. 아무에게도 도움이 되지 않는 것도 문제지만, 모두에게 도움이 되는 것도 비정상이다.

한 분야에서 탁월한 기량을 발휘할 수 있도록 자신을 연마하고, 다른 분야에서 재능을 발휘하는 것은 절제하도록 하라. 햇불이 밝을수록 불꽃은 쉽게 사그라진다.

182

신비감을 조성하라

성공한 사람은 대개 자신의 능력을 상대가 측량할 수 없도록 차단한다. 사람들의 존경을 계속 받고 싶다면 지식이나 재능의 범위를 드러내서는 안된다. 아무리 훌륭한 능력이라도 그 한계를 명확히 하지 말 것이며, 얼마나 깊은지는 각자의 상상에 맡기는 것이 좋다.

사람들은 올바른 정보를 주는 것보다 불확실한 정보를 추정하는 것에 더 큰 가치를 둔다.

183

자신의 능력을 정확히 파악하라

새로운 일을 시작하기 전에는 자신을 객관화하는 것이 매우 중요하다. 사람들은 대개 자신을 과대평가하며 자신은 남들과 다르다고 생각한다. 그릇이 작은 사람일수록 이런 성향이 강하다.

기대가 어그러져도 관대하게 받아들일 수 있어야 하며, 목표는 약간만 높게, 그리고 달성할 희망이 있는 정도가 적당하다. 너무 높은 목표를 세우면 일찍 포기하기 쉽다.

경험이 많지 않을 때는 기대와 현실을 혼동할 수 있다. 때문에 자신의 능력을 정확하게 파악하는 것이 무엇보다 중요하다. 현실 그대로의 자화상을 그려라. 자신을 아는 것이 어리석은 행동을 막는 가장 효과적인 예방책이다.

재능을 과시하라

누구나 인생이라는 무대에서 빛나는 재능을 발휘하며 주목을 받는 시기가 있다. 그 기회를 절대 놓치지 마라. 언제나 찾아오는 행운이 아니다.

작은 빛이라도 눈에 띄도록 연구하면 얼마든지 주목을 받을 수 있다. 이를 위해서는 무대장치와 배경이 필요하다. 타이밍도 중요하다. 철 지난 야외공연을 누가 주목하겠는가?

그러나 이것이 자칫 날림과 허세가 되어서는 안 된다. 전체가 저속해 보일 뿐이다.

보여서는 안 될 것을 잘 감추는 것도 효과적인 연출법이다. 이로써 관객들의 호기심을 자극할 수 있다. 살짝 보여주는 것은 상관없지만, 한꺼번에 전부 내보이는 것은 바람직하지 않다.

그리하여 큰 성과를 하나 달성하고 나면 이를 계속 이어가야 한다. 처음의 박수갈채는 그다음에 대한 기대이기도 하다.

첫 갈채를 잘 이용하라

처음 드러나는 성과물은 항상 최고의 것으로 대접받는다. 신선한 것은 낡고 진부한 것보다 환영받는다. 새것이 오래된 것보다 높은 평가를 받는 것이 당연한 세상 이치. 그러나 최고의 영광은 곧 때가 끼고 빛이 바래며 오래가지 못한다.

마찬가지로 나를 향한 갈채도 언제까지고 계속되지 않는다. 때문에 칭찬을 받는 초기에 이를 십분 이용하여 분발하라. 새로운 것에 보내는 사람들의 열의는 일시적이며 정열은 언젠가 식게 마련이다.

젊은 시절 흥분을 자아냈던 것이 노년에는 지루하게 느껴질 수 있다.

때로는 자취를 감춰라

존경과 명성을 더 높이고 싶다면 때로 자취를 감춰라. 항상 사람들 눈앞에 보이면 그 빛이 희미해지지만 부재는 존재를 각인시켜준다. 천부적인 재능도 계속해서 보여주면 세상 사람들은 이를 당연하게 받아들인다.

초연하게, 혹은 사람들과 거리를 유지하여 명성을 지키도록 하라. 만나지 못하면 생각하는 마음은 더욱 깊어진다.

7장

성공에 관하여
about success

"현인은 그 어떤 일도 우연이 아님을 알고 있다."

187

노력하라

인생의 목적은 자신이 가야 할 길을 찾아 완벽한 인간이 되고자 노력하는
데 있다.

188

부지런히 움직여라

근면과 재능, 이 두 가지를 갖추면 정상에 이를 수 있다. 그러나 둘 중 하나를 택해야 할 경우, 재능은 보통이라도 근면한 사람이 더 많은 것을 이뤄낼 수 있다.

명성은 심신을 다 바쳐 전력투구한 결과 얻어지는 것이다. 대개 노력이 없으면 가치도 없다. 충분히 성공을 거둘 수 있는 사람이 꼬리 노릇을 하고 있다면 이는 부지런히 일하고자 하는 의욕이 부족한 탓이다. 재능이나 능력이 모자란 것이 아니다. 머리가 좋으면 인생에 큰 도움이 되지만, 그에 앞서 근면이 바탕이 되어야 비로소 빛을 발한다.

지식 이전에 선의가 필수적이다

지식과 선의에 노력이 더해지면 틀림없이 긍정적인 결과를 얻을 수 있다. 그러나 재능과 능력에 악의가 더해지면 암울한 결과가 빚어진다.

　악의는 그 자체로도 해로운데 여기에 지식이 결탁하면 세상을 피폐하게 만들게 된다. 선악의 개념이 빠진 학문은 무서운 광기로 돌변할 수 있다.

스스로 운명을 개척하라

현인은 그 어떤 일도 우연이 아님을 알고 있다. 누구나 행운을 잡는 능력을 갖추고 있지만, 운명에 몸을 맡기기보다 스스로 개척해야 비로소 내 손 안에 떨어진다.

진취적 기상과 용기를 발휘하여 목표하는 바를 쟁취하라. 기회를 적극적으로 붙잡는 것이야말로 성공으로 가는 가장 확실한 지름길이다. 지혜를 갖춘 것보다 더 큰 행운은 없고, 무지한 것보다 더 큰 불행도 없다.

대중에 현혹되지 마라

세간의 평판에 흔들리지 마라. 세상의 본질을 꿰뚫고 있는 사람이라면 뜬소문에 관계없이 나를 평가해줄 것이다. 무지한 대중들에 의해 공중에 띄워지는 것은 거짓 성공에 지나지 않는다.

자신의 운세를 예측하라

자신의 운세를 알아야 행운을 잡을 수 있고 불운을 피할 수 있다. 운을 아는 것은 날씨를 예측하는 것보다 훨씬 중요하다. 운은 미리 대처할 수 있지만, 날씨는 어찌할 수 없기 때문이다.

　노력하면 운세도 얼마든지 바꿀 수 있다. 중요한 것은 인내심이다. 행운은 변덕스럽고 굽은 길을 가로질러 오기도 하므로 쫓아가기가 어렵다. 용감하고 행동력이 있는 사람은 행운을 따라잡지만 게으른 사람은 낙오되고 만다. 운이 따르지 않는다고 불평할 것이 아니라 작전을 바꾸어보라. 진로를 변경하여 더 악화되는 것을 막아라.

193

불운에 좌절하지 마라

불운은 절대 혼자 오지 않고 떼를 지어 온다. 행복도 불운도 마찬가지다. 비슷한 것끼리 몰려 있다.

한번 일이 어긋나면 연달아 나쁜 일이 생긴다. 불운이 또 다른 불운을 부르지 않도록 세심하게 주의하라. 불운은 무릎을 꿇는 정도가 아니라 완전히 쓰러질 때까지 끈질기게 들러붙어 있다. 행운은 그 끝이 흐지부지하지만, 불운은 언제까지고 계속될 것만 같다.

불운이 찾아오면 전세가 역전되길 기다려라. 어쩔 수 없는 상황으로 인한 불행이라면 온 지략을 동원하여 이에 맞서라.

운이 다하기 전에 물러서라

지금 승승장구하고 있다면 슬슬 자리를 털고 일어나야 할 때다. 물러설 때를 아는 것이 공격할 때를 아는 것만큼이나 중요하다. 행운이 오래 계속될 때는 발걸음을 멈추고 이를 의심해보아야 한다. 행운은 본디 변덕이 심하여 종잡을 수 없다.

좌절을 겪은 뒤에 얻은 승리가 더욱 짜릿한 법이다. 행운은 항상 같은 곳에 머물지 않는다. 등에 업거나 안고 다니느라 행운의 여신도 지치기 때문이다. 그러므로 행운이 따를 때 이를 충분히 즐기고 잘 이용하라. 그리고 성공의 절정기에 물러서는 것이 최상이다.

절정기를 알라

세상의 모든 것에는 가장 빛나는 절정기가 있고, 가득 차면 기울게 마련이다. 그 주기를 알아 최고 절정기를 잘 이용하라. 이 능력을 갖추면 남들보다 더 높이 뛰어오를 수 있다.

마음 역시 오르막과 내리막이 있고, 산이 있는가 하면 계곡도 있다. 기분이 가장 호조일 때를 알아 이를 최대한 활용하라. 모르고 넘어가면 제자리걸음만 되풀이한다.

196

착실히 계획을 세워라

새로운 일에 착수하기 전에는 충분히 생각하라. 일의 성과를 오래, 그리고 확실하게 남기고 싶다면 적어도 시간을 쪼개서 반드시 계획을 세워라. 대충 시작한 일은 나중에 흔적을 지우는 데 애를 먹는다.

　가치 있는 것 뒤엔 항상 노력이 있다. 가장 비중이 크고 잘 용해되지 않는 금속이 가장 비싸다. 성급하게 일을 벌이면 결국 남는 것은 손해뿐이다.

천천히 서둘러라

지혜롭게 계획을 세웠다면 다음은 열심히 계획을 실행해야 한다. 다만, 서두르지 마라. 반드시 예상하고 준비해두어야 할 문제점들을 제대로 파악하지 못하고 지나칠 수 있다.

경계를 게을리 하지 말고 필요하다면 멈춰 서서 충분히 생각하라. 그렇다고 너무 오래 머물러 있어서는 안 된다. 우물쭈물하다 계획 전체가 멈춰버릴 수 있기 때문이다. 천천히 서둘러라.

중요한 것부터 시작하라

재미있는 것을 먼저 하고 어려운 것은 마지막까지 미뤄두는 습관을 버려라. 가장 중요한 것부터 시작하라. 나머지는 나중 문제다. 먼저 싸우지 않으면 승리의 기쁨도 맛볼 수 없다.

사소한 일에 매달려 시간을 낭비하다 기운을 빼면 결국 성공과 명성도 얻지 못하고 자신감도 떨어진다. 중요한 것의 우선순위를 가려라.

실패를 두려워하지 마라

간단한 일이라 해서 경계를 늦추지 마라. 반면 어려운 일이라 해서 실패를 두려워하지 마라.

머뭇거리고 있으면 아무것도 이룰 수 없다. 자신감을 가지면 불가능해 보였던 일도 얼마든지 이뤄낼 수 있다. 오래 생각하느라 쓸데없이 시간을 낭비하지 마라. 닥칠 문제를 고민하느라 시작도 못하는 것만큼 어리석은 일은 없다.

200

첫 단추를 제대로 꿰라

현명한 사람은 처음부터 일을 제대로 한다. 반면 좌우도 모르고 시작과 끝도 없이 닥치는 대로 하는 사람은 곧 어려움에 부딪힌다. 이런 사람에게 책임을 묻는 방법은 단 하나, 일을 올바로 시작하도록 되돌리는 것뿐이다. 방법을 정확히 이해하여 즐겁게 시작하는 것이 제대로 일을 하는 유일한 요령이다.

시작이 좋으면 반은 성공한 것이나 다름없다.

머뭇거리지 말고 바로 실행하라

바로 시작하라. 작더라도 결과가 나오는 것이 시작도 하지 않는 것보다 낫다. 굳게 결정을 내렸다면 이제 남은 것은 실행으로 밀고 나가는 것뿐이다.

혹 결단도 내리지 못하고 순서만 복잡하게 늘어놓은 채 머뭇거리고 있지는 않은가? 명석한 판단력이 있어도 결단력이 부족하여 의식적으로 지연시키는 경우가 있다. 닥쳐올 많은 어려움과 장애의 가능성을 예측하는 것은 사려 깊은 일이지만, 그보다 앞서 어떤 어려움도 헤쳐 나갈 수 있다는 신념이 있어야 한다.

실패 후에 체면이 구겨질 것을 걱정하지 마라. 어떤 일이든 헤매지 말고 당장 눈앞에 닥친 일부터 차근차근 풀어나가다 보면 결국은 높은 고지에 오르게 된다. 자신이 운이 좋다는 것을 믿고 계속 전진하라.

202

기회는 자주 오지 않는다

기억하는 것은 수동적이고 단순한 행위이지만 생각하고 이해하는 것은 훨씬 중요한 행위다.

기회가 찾아와도 이를 잡으려 노력하지 않는 것은 그것이 기회인 줄 모르기 때문이다. 기회를 알아보는 것은 가장 중요한 능력 중 하나다. 이 능력이 떨어지면 성공으로 향하는 마차를 연거푸 놓치고 만다.

기회는 두 번 다시 찾아오지 않는다.

야망을 크게 가져라

야망은 누구든 영웅적인 고지로 이끌어준다. 야심을 마음속에 굳게 가지고 있으면 정신은 깨고, 감각은 예리해지며, 감정은 풍부해지고, 영혼엔 활기가 솟는다.

　야망이 있으면 도중에 좌절을 하더라도 언제든 다시 되돌아와 새롭게 불을 붙일 수 있다. 야심은 사람을 한층 강하게 만든다.

목표에 집중하라

목표를 향해 달려가는 동안 원칙에 지나치게 얽매이지 마라. 어떻게 목표를 달성하는가도 중요하지만, 궁극적인 성공은 '목표를 달성하는 것'에 있다. 실패하면 목표를 이루려고 했던 방법 자체가 무의미해지고 만다. 반대로 성공하면 더 이상 말이 필요 없다.

　아무리 노력을 했어도 실패한 뒤에는 눈물이 남는다. 목표를 달성하기 위해서 때로는 원칙을 깨뜨려야 할 필요도 있다.

말이 아니라 결과로 증명하라

본디 큰 성과를 내지 못하는 사람이 오히려 더 소란스럽고 결과에 대해 말이 많다. 자신이 한 것이 더 중요한 일인 양 머리만 굴리는 이들이다. 많은 이들의 칭찬을 듣고 싶어서 유머 감각에 호소하여 자신에게 집중해주길 바란다.

진정으로 뭔가를 달성하는 사람은 이처럼 억지스러운 태도를 취할 필요가 없다. 무엇보다 성과로써 확실히 증명하기 때문이다. 자랑하거나 기록으로 남길 필요도 없다.

영웅처럼 보일 것이 아니라 진정한 영웅이 되도록 노력하라.

미지의 분야에서는 신중하게 전진하라

경솔한 행동은 바보들의 전유물이다. 중요한 시기엔 서두르거나 허튼 행동을 해서는 안 된다. 현명한 사람은 미래를 예측하고 정찰하며 끈기 있게 시기를 기다린다. 모험을 무릅쓰고 나아가도 되겠다는 확신이 섰을 때 비로소 미지의 세계로 들어간다.

무모하고 부주의한 사람이 요행으로 위험을 벗어날 수는 있지만, 항상 행운이 따르지는 않는다.

장애물이 많은 것을 알고 있다면 길을 살펴서 침착하게 움직여야 한다.

역경에 대비하라

한창 잘나갈 때야말로 역경에 대비할 때다. 여름 동안 겨울을 대비하여 양식을 비축해두어야 한다. 경기가 좋을 때는 얼마든지 주변 사람에게 도움과 원조를 얻을 수 있다. 그러나 이는 정말로 힘든 시기를 위해 비축해두라. 이를 위해 평소에 많은 이들에게 베풀어주고 훗날을 기약하라.

208

다툼을 피하라

소모적인 다툼에 휘말리면 평판이 떨어진다. 상대는 이 기회를 틈타 자신의 존재를 부각시키려 한다. 이 세상에 명예로운 전쟁 따윈 없다. 사이가 좋을 때는 눈에 띄지 않았던 결점도 경쟁 상황에선 그대로 드러난다.

상대가 누구든 명성을 얻기 위해 다툴 필요는 없다. 분쟁에 휘말리면 양쪽 모두 자신의 편을 찾게 되고, 이로 인해 여기저기서 중상모략이 난무한다. 이길 가능성이 없을 듯하면 상대는 더욱 악랄한 기세로 달려들어 수단과 방법을 가리지 않을 것이다. 점점 일이 커져 발단이 되었던 문제는 뒷전으로 밀리고 명성에 흠집 내는 데만 열을 올린다.

그러므로 항상 평화롭고 관대한 마음을 가져라. 그리하면 명성과 평판을 모두 지킬 수 있을 것이다.

언제든 명예롭게 싸워라

싸움을 피할 수 없다 하더라도 상대의 명예는 훼손하지 마라. 비열한 수단으로 이기고 자랑하지 마라. 그로 인해 신용을 잃을 수 있으며, 다른 싸움에서 더 이상 그 방법을 써먹을 수도 없다.

　원하는 것을 얻기 위해 규칙을 위반하거나 정직하지 못한 방법으로 사람을 이용해서는 안 된다. 자존심을 등지는 것은 평판을 떨어뜨릴 뿐 아무런 득이 없다.

앞날을 읽어라

내일을 준비하라. 일어날 수 있는 문제를 예측하고 미리 예방책을 마련해 두면 사고를 비껴갈 수 있다. 준비가 되어 있는 사람에게 예측하지 못한 사태는 없다. 선수를 치면 장애물은 피해간다.

시작하기 전에 하룻밤 충분히 생각하는 것이 후에 걱정 때문에 잠 못 드는 것보다 훨씬 낫다. 행동을 먼저 하고 뒤에 생각하는 사람은 결과에 대해 걱정하기보다 변명거리를 찾기 바쁘다.

올바른 길을 가기 위해서는 깊이 생각하는 것이 중요하다. 숙고하는 것, 그리고 미리 앞을 내다보는 것, 이 두 가지야말로 인생을 자유롭게 해 준다.

실패에 특히 주의하라

실패에는 많은 이들이 주목한다. 태양이 밝을 때는 아무도 의식하지 않다가 일식에 모두 흥미를 보이는 것과 같다.

역사는 공적만 주목하는 것이 아니라 오히려 나쁜 것을 반드시 기록하여 남긴다. 잘못된 행동은 소문을 타고 멀리까지 퍼져가지만 좋은 일에 대한 칭송은 순식간에 사라져버린다. 백 번의 승전 기록이 단 한 번의 작은 실패에 가려질 수도 있다. 기억하라. 나쁜 이야기는 천리를 달리지만, 좋은 이야기는 문 밖을 나가기도 힘들다.

대비하고 비축하라

가지고 있는 자원을 한꺼번에 사용하지 마라. 지금의 상태를 오래도록 유지하고 싶다면 후방에 비축해두라. 실패의 두려움이 있어도 바로 대응해주는 지원군이 있으면 한결 든든하다.

어쩌면 후방부대가 최전선보다 중요할 수도 있다. 이들로 인해 불굴의 정신이 발휘되기 때문이다. 훗날을 위한 비축에 만전을 기하라.

명성을 얻기 위해서는 균형이 중요하다

명성을 얻는 것은 실력에 달려 있다. 능력에 노력이 더해지면 일인자가 되는 날도 머지않았다. 그러나 능력만 있으면 충분하지 않고, 한편 능력 없이 저돌적이기만 한 것도 눈총을 받는다. 오히려 이름을 더럽히고 빈축을 살 뿐이다.

재능의 발휘와 성공의 고지를 향해 전진하는 추진력, 이 두 가지가 함께 균형을 이루는 것이 현명하다.

명성을 유지하라

명성을 얻으려면 부단히 노력해야 한다. 범인(凡人) 중에 널리 이름을 떨치는 이를 찾아보기 힘들듯이, 웬만큼 탁월한 업적이 없으면 명성을 얻기 힘들다. 그러나 한번 명성을 얻으면 이를 유지하는 것은 그리 어렵지 않다. 여기저기서 요구받는 일이 많지만 그만큼 이익도 크다.

주위로부터 존경받는 위치에 서면 자연히 위엄도 넘친다. 이렇게 든든하게 뿌리를 내린 명성만이 죽지 않고 오래 이어진다.

잘난 척하지 마라

지위나 업적을 훈장처럼 달고 다니면서 사람들의 주목을 받으려 하지 마라. 질투의 대상이 되는 것은 스스로 나서서 미움을 구하는 것과 같다. 과시하고 나선다고 해서 존경을 받는 것은 아니다. 존경은 오랜 시간 노력함으로써 비로소 우러나오는 것이다.

진가를 발휘하고 자기 역할을 다함으로써 존경을 얻도록 하라. 지위가 높으므로 당연히 존경받아야 한다는 태도는 오히려 존경할 만한 가치가 없음을 증명하는 것이다. 한 나라의 왕조차 자신의 신분이 아니라 진가에 의해 공경받아야 마땅하다.

충고에 귀를 기울여라

이 세상에 충고가 필요하지 않은 사람은 없다. 사람들이 하는 말에 귀를 기울이지 않는 이는 구제할 방법이 없는 멍청이일 뿐이다. 나라의 통치자도 전문가들에게 자문을 구한다. 친구들이 경고하는데도 불구하고 파멸의 길로 뛰어드는 이는 달리 도울 방도가 없다.

성공의 경지에 오른 사람이라도 친구에게만큼은 문을 열어두어야 한다. 그들이 비난을 두려워하지 않고 편안하게 말할 수 있도록 해주어라. 다만 이 문을 이용할 수 있는 이는 신뢰할 수 있는 몇 명으로 제한하는 것이 좋다. 모두의 말에 귀를 기울일 필요는 없다. 신뢰할 수 있는 상대의 충고는 항상 고맙게 받아들여라.

항상 무언가를 갈구하라

모든 것을 다 이룬 것은 불행하다. 원하는 것이 없으면 정신은 활력을 잃고, 모든 것을 소유하면 영혼은 잿더미로 변한다.

정신이 건강하기 위해서는 열정과 호기심이 항상 충만해야 한다. 지나치게 만족스러운 상황은 오히려 치명적이다. 바라는 것이 아무것도 없으면 근심의 씨앗이 싹트고, 욕망이 사라진 자리에는 그림자만이 남는다.

218

마지막까지 최선을 다하라

아무리 세밀하게 계획을 짰어도 이를 실천하지 않으면 애초에 없었던 것이나 마찬가지다. 계획 그 자체로는 아무것도 얻어지는 것이 없으며, 이름을 널리 떨칠 수도 없다. 계획은 아무리 훌륭한 것이라도 그 자체로는 실행되지 않기 때문이다.

한편 한 고비 어려움을 넘긴 뒤 그 성공에 취해 계속 그곳에 머무르고자 하는 마음이 생긴다. 이렇게 결의가 부족한 사람들은 신용을 얻지 못한다. 목표가 가치 있는 것이라면 끝까지 똑바로 가야 한다. 사냥감은 발견하는 데 의의가 있는 것이 아니라 그 먹이를 잡는 데 있다.

지원군을 만들어라

위험이나 고통스러운 상황에 있을 때 혼자 헤쳐 나가려 하지 마라. 마지막 순간에 모든 수훈과 공적을 자기 것으로 하기 위해 누군가에게 말하는 것조차 꺼려한다면, 당연히 그에 따른 고통도 혼자 짊어져야 한다.

많은 이들에게 공격을 받을 때는 특히 지원군이 필요하다. 나를 대신해서 변명해주고, 최악의 상황에서 적절한 위로를 해줄 이들이다. 의사도 큰 수술을 앞두고는 다른 의사들에게 의견을 구한다. 내가 놓치고 있는 부분을 다른 이가 확인해줌으로써 오진을 피할 수 있기 때문이다. 무거운 짐은 다른 이와 나누어 들고 고통과 불행을 반으로 나누어라.

위기는 곧 기회다

절박한 상황에서 갑자기 예기치 못한 힘을 발휘하는 경우가 있다. 수영을 전혀 못하던 사람이 익사의 절박한 순간에 헤엄을 치는 식이다. 용기는 필요에 의해 비로소 발휘되는 것이며, 특히 절박한 상황에선 평소 상상하지 못했던 힘이 나온다.

그러므로 위기는 성공을 할 수 있는 좋은 기회다. 사람은 시련을 통해 위대한 사람으로 거듭난다.

221

방심하지 마라

운명은 잠들어 있는 사이에 살금살금 찾아와서 모든 것을 뒤죽박죽으로 만들고는 사라진다. 그러므로 항상 만반의 준비를 하고 있어야 한다. 언제 운명이 영혼과 이성, 인내, 외모를 점검할지 모른다.

경계를 늦추는 순간 바로 표적이 된다. 그러나 의외로 사람들은 가장 중요한 순간에 쉽게 방심해버리는 경향이 있다. 한순간에 모든 것을 재로 만들 수는 없다. 적은 내가 방심한 틈을 타서 공격해오고, 재난의 그림자는 전혀 예기치 못한 순간에 드리워진다.

8장

인생에 관하여

about life

"인생의 위기에 직면했을 때
가장 의지할 수 있는 것은 용기와 불굴의 정신이다."

때론 비둘기처럼, 때론 뱀처럼

비둘기의 순수함도 좋지만, 때로는 뱀과 같은 사악함도 필요하다. 정직한 자는 속아 넘어가기 쉽다. 절대 거짓말을 하지 않는 사람은 타인의 거짓말을 가려내지 못하기 때문이다. 즉 잘 속아 넘어가는 것은 어리석기 때문이 아니라 성실함의 반증인 경우가 많다.

속아 넘어가지 않도록 자신을 보호하는 데는 두 가지 해법이 있다. 속은 경험을 통해 배우는 것과 스스로 영악해져서 사람들을 속이는 것이다. 너무 솔직해서 다른 이의 거짓에 속는 사람이 되지 마라. 비둘기와 뱀의 장점을 본받아라. 괴물이 아닌 현인이 되어라.

223

재산보다 명예를 우선하라

재산은 없어질 수 있지만 이름은 영원히 지속된다. 부는 살아 있는 동안만 누리는 것이지만 명성은 후세까지 남는다. 부는 질투를 사지만, 명성은 노력을 보상해준다.

역경에 맞서라

인생의 위기에 직면했을 때 가장 의지할 수 있는 것은 용기와 불굴의 정신이다. 역경에 의연히 대처할 의지가 있다면 불행도 그리 걱정할 것이 못된다. 운명이라 해서 굴복하지 마라. 일단 포기해버리면 재난을 이겨내지 못한다. 스스로의 힘으로 불행을 해결하지 못하는 사람에겐 삶의 무게가 더욱 힘겹다.

　아무리 힘든 때라도 이성을 발휘하고 최선을 다하라. 설령 행운이 비껴가더라도 언젠가는 승자가 될 수 있다는 믿음을 잃지 마라.

서두르지 마라

무슨 일이든 충분히 맛을 즐기려면 한 번에 하나씩만 음미해야 한다. 인생이 끝나기 전에 가진 자원을 모두 써버리고 시간을 되돌렸으면 하고 후회하는 이가 얼마나 많은가.

평생에 걸쳐 음미해야 할 것을 단 하루에 소화하려 애쓰지 마라. 단번에 너무 많은 것을 체험하려 무리해서 나서지 마라. 여러 해에 걸쳐 나누어서 알아내라.

지식에 대한 갈증도 예외가 아니다. 학문은 천천히 오랜 시간 쌓아 나가는 것이며, 어떤 시기에는 배우지 않고 남겨두는 게 더 나은 경우도 있다.

일에 대한 과중을 줄이고 즐기는 시간을 갖도록 하라. 휴식도 천천히 음미하면서 즐겨야 한다. 천천히 착실하게 나아가는 자가 결국엔 경쟁에서 승리한다.

226

인생을 즐겨라

인생에서 즐거움만큼 중요한 것은 없다. 진정한 의미에서 우리 인간에게 주어진 것은 오직 시간뿐이며, 이는 부자든 가난한 자든 모두에게 평등하다.

귀중하고 가치 있는 시간을 쓸데없는 일에 써버린다면 얼마나 어리석은 짓인가. 입신출세에 매달리느라 삶이 주는 기쁨을 억누르지 말고, 영혼이 억압받지 않도록 하라.

잔꾀는 오래가지 못한다

속임수 없이 살기가 힘들어진 세상이지만 잔꾀는 오래가지 못한다. 너무 순진해서 속이 훤히 비치는 것은 곤란하지만, 그렇다고 좋은 머리를 사기에 써서도 안 될 일이다.

표리부동한 사람이 활개를 치는 것에 굴하지 말고, 그럼에도 꿋꿋이 존경받고 신뢰할 수 있는 인물이 되도록 노력하라.

228

평온을 유지하라

평온하게 살아가는 사람은 장수할 뿐만 아니라 일상의 생활을 다스리는 힘을 가지고 있다. 지금 어떤 일이 일어나고 있는지 주시하면서 자신과 관계없는 일에는 관여하지 마라. 스트레스가 없으면 밤에 숙면을 취할 수 있다. 기쁨 속에 사는 것은 인생을 두 배로 사는 것과 같다. 이는 평온한 마음으로 인한 보상이다.

자신과 관계없는 일로 걱정하지 마라. 그러면 모든 것을 얻을 수 있다. 주변의 모든 일에 관여하는 것만큼 시간낭비는 없다.

229

덕을 쌓아라

양심이 없는 사람, 부도덕한 사람의 인생은 짧다. 전자는 목숨을 구하려 하지 않는 사람이고, 후자는 목숨을 오래 부지하려는 의지가 부족한 사람이다.

덕은 그 자체가 보답이며, 부덕은 그 자체가 벌이다. 영혼은 매일의 행동을 통해 채워지니, 올바르게 행동함으로써 이를 깨끗하게 할 수 있다.

애정에 집착하지 마라

사랑받고 존경받는 것은 좋은 일이지만, 이를 잃지 않기 위해 과도하게 집착해서는 안 된다. 사랑은 미움보다 대담하고, 애착은 존경보다 더 악착같다.

사람은 결혼을 할 때 과도한 사랑을 받는다. 그러나 애정이 깊어지면 존경은 얇아질 수 있다. 무엇이든 도가 지나치면 후회의 씨앗이 된다는 것을 잊지 마라.

그 깊이만이 아니라 올바른 이해관계를 만드는 것이 진정한 사랑이다.

같은 실수를 반복하지 마라

잘못된 길에 발을 들여놓고는 거기에서 빠져나오지 못하는 사람이 있다. 실수임을 알면서도 그것이 올바른 것인 양 행동한다. 자신의 과오를 인정하면 경솔하다는 낙인이 찍힐까 두려워하는 것이다. 이 얼마나 바보 같은 일인가.

잘못된 판단을 했다고 해서 이를 계속해야 할 필요는 없다. 바보짓은 단 한 번으로 족하다.

인생을 걸지 마라

도박이 커지면 회복하기 힘든 손실을 입을 수 있다. 실수는 극히 한순간에 이루어진다.

특히 처음 일을 시작할 때는 더욱 주의하라. 시간을 기다려 사려 깊게 행동하고 다음 기회를 노려라. 모든 일은 기회에 달려 있다. 도박의 최후는 좌절뿐이다.

233

때로는 방치하라

갈등이 최고조에 달했을 때는 저절로 가라앉기를 기다리는 것이 최선이다. 치료를 한답시고 오히려 병을 악화시키는 일이 있다. 현명한 의사는 치료하지 않는 것이 더 나을 때가 있음을 알고 있다. 질병이 자연 치유될 것인지 아닌지를 가려내는 것이 가장 중요하다.

세상사도 마찬가지다. 자연히 가라앉기를 기다려라. 신에게 맡겨라. 진흙으로 더러워진 연못도 가만히 내버려두면 점차 맑아진다. 혼란이 계속될 때의 최선책은 자연스럽게 원래대로 돌아갈 때까지 내버려두는 것이다.

234

운이 따라주지 않는 때를 피하라

만사가 제대로 돌아가지 않을 때가 있다. 심기일전하여 다시 시작해도 만족스럽지 않다면 운이 안 좋은 시기일 수 있다. 좋은 결과를 얻으려면 길일에 시작하는 것이 좋다.

별 어려움 없이 일이 수월하게 진행되는 사람이 있는가 하면 아무리 노력해도 제대로 풀리지 않는 사람이 있는 것은 각기 운이 다르기 때문이다. 나의 행운의 별이 반짝일 때 그 시기를 헛되이 보내지 말고 잘 활용하라.

더 큰 세상으로 떠나라

고향은 나의 초라한 유년과 빈약한 추억이 있는 곳이다. 높은 지위에 올라 출세를 하면 고향 사람들은 질투심 많은 계모처럼 재능을 헐뜯는다. 더 큰 활약을 하려면 새로운 곳으로 떠나라. 외지에서 날아온 식물이 꽃을 활짝 피우는 법이다.

사람은 외부에서 온 이를 더 귀하게 대하는 습성이 있다. 고향에서는 제대로 대접받지 못했으나 세계적으로 이름을 떨친 사람들이 얼마나 많은가. 한낱 촌뜨기로 삶을 끝내지 마라. 고향 사람들이 신성한 올리브나무에 대해 경의를 표할 것이라고 기대하지 마라.

236

일생의 변화 주기를 의식하라

사람은 7년 주기로 전기를 맞는다고 한다. 이는 정신적 성장을 가늠하는 나이테와 같다. 처음 7년은 지성이 탄생하여, 이후 7년마다 새로운 미덕이 빛을 발하게 된다. 이 변화를 의식하여 발전할 수 있도록 노력하라.

한편 사람은 20대엔 공작처럼 우쭐대며 돌아다니고, 서른에는 사자처럼 포효한다. 마흔에는 낙타와 같은 절제의 미덕을 알게 되고, 쉰에는 뱀 같은 음험함이 생긴다. 예순에는 털 빠진 개, 일흔에는 약은 원숭이, 그리고 여든엔…… 더 이상 비할 것이 없다.

237

당당히 퇴장하라

떠날 때가 등장할 때보다 더 중요하다. 위풍당당하게 등장한 사람일수록 떠날 때는 초라하게 보이는 법.

많은 배우가 처음 등장할 때 우레와 같은 박수를 받지만, 떠날 때까지 박수갈채를 받는 이는 극히 드물다. 최종 목표는 막이 내려진 뒤의 모습까지 염두에 두어야 한다. 앙코르의 소리가 울린다면 그야말로 최상의 결과다.

238

석양에 모습을 드러내지 마라

기억 저편으로 가라앉기보다 스스로 사라지는 편이 낫다. 화려한 시절에 떠나는 것이 중요하다. 저 위대한 태양도 한 점의 구름에 가려지면 빛이 사라진다.

떠날 때를 모르면 구름에 가려진 태양과 같은 신세니, 흐지부지 기억 속에 묻히는 존재가 되지 말고 깨끗이 떠나라. 조련사는 레이스에서 잘 나갈 때 말을 은퇴시키고, 미인은 미모가 시들기 전에 대중으로부터 모습을 감춘다.

음식이 들어갈 자리를 남겨둬라

감미로운 음료수는 마지막 한 방울까지 다 마시지 말고 남겨두어라. 갈증과 욕구를 완전히 채워서는 안 된다. 사람은 욕망이 있어야만 그 맛을 제대로 느낄 수 있다.

　뭔가 부족한 것이 있을 때 기쁨은 배가 된다. 양이 과하게 많으면 만족의 질은 떨어지게 마련이다. 손님을 행복하게 하려면 넘치기보다 약간 부족한 듯 만들어라. 포만감으로 불편한 것보다 부족한 듯 아쉬운 것이 더 낫다. 괴로움을 겪은 뒤에 느끼는 행복이 더 짜릿하다.

덕으로 완성하라

덕을 가짐으로써 사람은 비로소 완성된다.

덕이 있는 사람은 미래를 예측하고 이해하며 지혜와 용기가 있다. 친절하고 정직하고 신중하며 모든 이들의 존경을 받는다. 고결함, 지혜, 지식은 행복의 뿌리다. 덕은 이 세상을 비추어주고 마음을 평안히 안정시킨다. 때문에 덕이 있는 사람은 그 아름다움으로 인해 신도 인간도 모두 공경한다.

덕이 없는 아름다움은 없으며, 악이 없는 추함도 없다. 덕은 지식의 정수이며, 덕이 없는 지혜는 어리석음이다. 위대함은 재산이나 부가 아니라 덕으로 판단하는 것이니, 선은 그 스스로 족하다. 덕이 있는 사람은 살아서 사랑받으며 죽은 뒤에도 잊히지 않는다.

나에게 주는 선물
힘이 되는 한마디

초판 1쇄 발행 2010년 2월 20일
초판 2쇄 발행 2010년 4월 20일

지은이 발타자르 그라시안
옮긴이 문채원
펴낸이 명혜정
펴낸곳 도서출판 이아소

북디자인 이창욱

등록번호 제311-2004-00014호
등록일자 2004년 4월 22일
주소 121-840 서울시 마포구 서교동 408-9번지 302호
전화 (02)337-0446 **팩스** (02)337-0402

책값은 뒤표지에 있습니다.
ISBN 978-89-92131-26-1 03320

도서출판 이아소는 독자 여러분의 의견을 소중하게 생각합니다.
E-mail : m3520446@kornet.net